本项目由陕西省思想政治工作重点研究基地
西安音乐学院“艺术思政”研究基地支持

历史召唤 时代歌声

毛泽东《在延安文艺座谈会上的讲话》发表80周年纪念文集

张立杰 李宝杰◎主编

文化艺术出版社
Culture and Art Publishing House

图书在版编目（CIP）数据

历史召唤　时代歌声：毛泽东《在延安文艺座谈会上的讲话》发表80周年纪念文集 / 张立杰，李宝杰主编. —北京：文化艺术出版社，2023.5
ISBN 978-7-5039-7414-4

Ⅰ. ①历… Ⅱ. ①张… ②李… Ⅲ. ①《在延安文艺座谈会上的讲话》—毛泽东著作研究 Ⅳ. ①A841.24

中国国家版本馆CIP数据核字(2023)第072732号

历史召唤　时代歌声

——毛泽东《在延安文艺座谈会上的讲话》发表80周年纪念文集

主　　编　张立杰　李宝杰
责任编辑　贾　茜
责任校对　董　斌
书籍设计　李　响　姚雪媛
出版发行　文化艺术出版社
地　　址　北京市东城区东四八条52号（100700）
网　　址　www.caaph.com
电子邮箱　s@caaph.com
电　　话　（010）84057666（总编室）　84057667（办公室）
　　　　　84057696—84057699（发行部）
传　　真　（010）84057660（总编室）　84057670（办公室）
　　　　　84057690（发行部）
经　　销　新华书店
印　　刷　国英印务有限公司
版　　次　2023年7月第1版
印　　次　2023年7月第1次印刷
开　　本　710毫米×1000毫米　1/16
印　　张　19
字　　数　200千字
书　　号　ISBN 978-7-5039-7414-4
定　　价　98.00元

编者序

毛泽东《在延安文艺座谈会上的讲话》(以下简称《讲话》)，诞生在80年前全中国人民同仇敌忾、奋勇抗击日本帝国主义侵略的紧迫时刻；诞生在中共中央在延安开展整风运动，反对主观主义、宗派主义、党八股，彻底肃清王明"左"倾、右倾路线给党的事业带来的巨大损失和思想混乱，深刻吸取皖南事变教训，确立实事求是的辩证唯物主义思想路线的紧要关头。作为我党"两支军队"中一支不拿枪的"文化的军队"，如何在特定的历史环境中，消除各种非无产阶级思想，解决文艺为什么人服务的问题，最大化地发挥其积极作用，就成了中国共产党意识形态工作的重要方面之一。为此，毛泽东用了几个月的时间调查研究，深入了解情况，为开好文艺座谈会做了充分准备。1942年5月2—23日，中共中央宣传部在杨家岭召开文艺座谈会，召集了80余位作家、艺术家及文艺工作者参加。5月2日的第一次会议上，毛泽东以"引言"的方式做了开场，讲了文艺的立场、态度、对象、工作、学习等问题。5月23日举行的最后一次会议上，毛泽东做了"结论"发言。会后，毛泽东的两次讲话整理成《讲话》，并于1943年10月19日"鲁迅逝世纪念日"在延安《解放日报》上正式发表。

延安文艺座谈会和毛泽东这篇著名的《讲话》，总结了中国革命文艺运动的基本历史经验，明确提出了文艺为人民大众首先是为工农兵服务的方向，解决了长期以来没有解决好的文艺的革命方向问题，不仅对中国革命文艺运动的发展具有重要的指导作用，而且是对马克思主义文艺理论的丰富和发展，有力地推动了文艺界整风运动，推动了各抗日根据地文艺运动的发展，成为马克思主义文艺理论中国化的重要代表。

在中国共产党领导中国人民，历经抗日战争、解放战争，推翻压在人民身上的“三座大山”，建立新中国，进行各时期社会主义事业建设80年的风雨兼程中，《讲话》精神始终引领着中国文艺创作与实践的方向，以服务于广大人民群众和社会主义建设为目标，在革命化、民族化、大众化的道路上取得了一个又一个重大突破，在不同时期催生了一部部经典的文艺作品。《讲话》是马克思主义文艺理论中国化的新发展，是毛泽东文艺思想的集中体现。每每阅读和学习，都可从中获得不同的思想启示，诚如有的学者所感叹的那样：“每读一次，总会用《讲话》的精神思考审视当时中国文艺的现状，或者反思自己的文艺观、艺术实践方面存在的某些不足。因为，对于中国革命文艺运动而言，《讲话》是一部具有重大历史意义的纲领性文献，同时，《讲话》也奠定了新中国文艺发展的基本方向，使得‘文艺为大众’这一信念，贯穿到全国绝大多数的文艺工作者创作、研究之中。对于我们这些从事艺术学研究的学人而言，《讲话》更是我们日常考察研究实践的精神动力。”①

---

①引自本《文集》中乔建中所撰《〈在延安文艺座谈会上的讲话〉对中国民间文化遗产整理和民族器乐创作的深远影响》一文。

值此重大纪念日之际，西安音乐学院联合陕西省音乐家协会、陕西师范大学，邀请了校内外知名学者、专家、教授以及文艺工作者聚集一堂，于2022年5月21日隆重集会，举办“纪念毛泽东同志《在延安文艺座谈会上的讲话》发表80周年暨新时代音乐创作座谈会”。与会者30余人重温《讲话》，畅谈感受、分享认识，紧紧把握新时代文艺发展脉搏，积极推进陕西音乐文化建设，努力创作更多无愧于时代、让人民群众满意的优秀作品。

为了给更多的学界朋友分享此次会议的成果，我们将西安音乐学院学报《交响》和陕西省音乐家学会会刊《音乐天地》选登的19篇会议发言修改稿，以及多年来《交响》在该研究领域刊发的有代表性的研究成果共计30余篇集结在一起整理成册公开出版。这些编撰在一起的研究成果，虽称不上是系统性研究，但通过“《讲话》与文艺方向”“《讲话》与音乐创作”“《讲话》与艺术教育”三个不同方面，展现出大家在学习和践行《讲话》精神过程中的深刻体会和用心思考，其中不乏一些真知灼见，读来给人以认识上的启迪。

特别是不少研究都联系到习近平总书记2014年《在文艺工作座谈会上的讲话》中所论及的人民性问题，这为进一步把握新时代中国特色社会主义文艺事业发展的总方向奠定了认识上的基础，开拓了认识视野，廓清了发展盲区。两个《讲话》在精神上的高度契合和思想主旨上的一脉相承，必将成为我国文艺事业不断向前拓展的航标。

张立杰　李宝杰

2022年7月16日于西音

目录

《在延安文艺座谈会上的讲话》与文艺方向

《在延安文艺座谈会上的讲话》与音乐创作

《在延安文艺座谈会上的讲话》与艺术教育

《在延安文艺座谈会上的讲话》与文艺方向

坚守文艺为人民价值导向　推动新时代文艺教育事业高质量发展

——纪念毛泽东同志《在延安文艺座谈会上的讲话》发表80周年暨新时代音乐创作座谈会发言

张立杰

80年前的5月，延安文艺座谈会在延安杨家岭召开，中国共产党的领导人和文艺工作者们齐聚一堂，经过三次会议和热烈的讨论，毛泽东同志发表讲话，鲜明地提出了“文艺为工农兵服务”的价值导向，赋予新民主主义文化人民性、大众化的显著特征，照亮了革命文化前进的方向，奠定了党的文艺理论和方针政策的基础。据此，党制定了一系列文艺政策，对革命文化和新中国文学艺术的发展产生了深远影响。

毛泽东在延安文艺座谈会上发表的“引言”和“结论”，合称《在延安文艺座谈会上的讲话》(以下简称《讲话》)。《讲话》重点阐释了五个方面的问题。

一是关于“为什么人”的问题。毛泽东说：“无论高级的或初级的，我们的文学艺术都是为人民大众的，首先是为工农兵的，为工农兵而创作，为工农兵所利用的。”这是我们党第一次明确提出“文艺为工农兵服务”的方针。

二是关于“如何为”的问题。毛泽东指出，所谓“革命的文艺”则是人民生活在作家头脑中反映的产物；人民生活是“文学艺术原料的矿藏”。他号召“中国的革命的文学家艺术家，有出息的文学家艺术家，必须到群众中去，必须长期地无条件地全心全意地到工农兵群众中去，到火热的斗争中去，到唯一的最广大最丰富的源泉中去”。

三是关于“政治与艺术的关系”。毛泽东提出：“我们的要求则是政治和艺术的统一，内容和形式的统一，革命的政治内容和尽可能完美的艺术形式的统一。”

四是关于“普及与提高”的问题。毛泽东提出：“我们的提高，是在普及基础上的提高；我们的普及，是在提高指导下的普及。”

五是关于“歌颂与暴露的关系”。毛泽东提出：“一切危害人民群众的黑暗势力必须暴露之，一切人民群众的革命斗争必须歌颂之，这就是革命文艺家的基本任务。”

《讲话》以高度的文化自觉，提出文艺为工农兵服务的价值导向，规范了文艺工作的立场等基本问题，这为党随后出台的一系列文艺政策奠定了基调，也为党站在人民的立场上建设文化领导权提供了基本遵循。

自延安时期以来，一代代文艺工作者在《讲话》精神指引下，坚持“二为”方向和“双百”方针，讴歌全国各族人民争取民族独立、建设新中国、走向改革开放、推动科学发展与社会进步、探索中国特色社会主义道路和民族复兴的伟大实践。

艺术来源于人民，服务于人民。今天我们处在一个新的历史时代，但是，解决好“为什么人”的问题，仍然是党文艺工作和文艺教育事业的一个根本性问题。2014年10月15日，习近平总书记在文艺工作座谈会上指出：“文艺工作者要想有成就，就必须自觉与人民同呼吸、共命运、心连心，欢乐着人民的欢乐，忧患着人民的忧患，做人民的孺子牛。”这与毛泽东同志《在延安文艺座谈会上的讲话》中提出的“以人民为中心进行文艺工作”的思想完全一致，也是党的性质、宗旨的体现，为新时代文艺发展指明了前进方向。

作为艺术院校，如何提高人才培养质量，推动文艺创作，服务于社会主义文艺事业大繁荣、大发展，一直是西安音乐学院探索和实践的重大课题。我们认为，必须在理论和实践层面，做好以下工作。

一是加强党的领导，坚持社会主义办学方向不动摇。文艺事业是党和人民的重要事业，文艺战线是党和人民的重要战线。在《讲话》的“引言”部分，毛泽东同志形象地指出“我们有两支军队，一支是朱总司令的，一支是鲁总司令的”（后来发表时改为“手里拿枪的军队”和“文化的军队”），而“文化的军队”是“团结自己、战胜敌人必不可少的一支军队”。他提出，应该解决文艺工作者的立场、态度、对象、工作、学习等问题，要大家讨论。长期的实践证明，党的领导是社会主义文艺发展的根本保证，我们要从全局和战略高度深刻认识新时代文艺工作的重要性，加强政治引领，把握创作导向，深入贯彻落实党的文艺、教育方针和政策。始终牢记“为国家立心、为民族铸魂、为人民立传”的文艺工作职责，在高度的文化自觉中坚定文化自信，在服务为民的坚守中铸就文艺高峰，助推文艺事业朝着更加健康、繁荣的方向发展。

二是落实立德树人根本任务，提升艺术人才培养质量。立德树人是大学的立校之本和根本使命。2016 年，我在全国艺术类高校思想政治工作研讨会上提出推进“艺术思政”的理念，经过近年来的深入探索和实践，这一理念已经深入人心。所谓“艺术思政”，就是要发挥学校的专业优势和办学特色，用音乐艺术的元素把思政课讲活、把大道理讲生动；同时把思政教育的理论和体系贯穿到专业教育的方方面面。在这个过程中，教师的作用举足轻重，必须要打造一支政治素质过硬、业务水平精湛的教师队伍，才能引领整个学校把德艺双馨作为人才培养和治学从业的最高追求。

三是坚持与人民同心、与时代同行，打造更多精品力作。习近平总书记在文艺工作座谈会上强调：“衡量一个时代的文艺成就最终要看作品。推动文艺繁荣发展，最根本的是要创作生产出无愧于我们这个伟大民族、伟大时代的优秀作品。”在延安文艺座谈会召开80周年之际，我们利用学校官方媒体推出近年来学校艺术实践经典作品的云展演活动，从受众的反响来看，红色经典作品，如《白毛女》《小二黑结婚》《党的女儿》等，依然受到大家的喜爱和欢迎，这很能说明问题。大家喜欢的原因：第一是红色经典代表了一种精气神，第二是老一辈艺术家那种对作品精益求精、反复打磨的精神，第三也是最重要的一点是，经典作品接地气，是民族的语言，大家听得懂、有共鸣。所以，文化自信非常重要，我们的文艺工作者和文艺教育工作者，要从骨子里有这种自信和底气，树立起文化自信的自觉意识和担当意识。西安音乐学院愿会同各方力量，在文化自信视域下进一步坚定文艺自信，合力创作更多思想精深、艺术精湛、制作精良相统一的文艺作品，为繁荣社会主义文艺事业做出新的更大的贡献。

［原载《交响（西安音乐学院学报）》2022年第2期］

《讲话》的思想方法*

——重读毛泽东《在延安文艺座谈会上的讲话》

刘承华

2022年是毛泽东《在延安文艺座谈会上的讲话》(以下简称《讲话》)发表80周年，西安音乐学院举办大型文艺与学术活动予以纪念。十分荣幸，笔者获邀与会并作发言。为此，笔者又打开《讲话》文本，重新研读。对《讲话》的研读，笔者已有过多次，最早是在读大学时的“中国现代文学”课堂上，后来走上工作岗位，特别是在讲授“中国新文学精神”课堂上，亦曾多次翻阅、研读。只不过，以前的历次研读，都集中于其所表达的思想、观念，着眼于《讲话》对中国文艺发展的影响与意义。这次研读，笔者突然被思想、观念背后的东西吸引，这背后的东西，笔者把它称为“思想方法”。我们都知道，毛泽东是中国革命的伟大领袖，因为有了他的领导，党的事业、中国革命的事业才真正走上

* 2022年5月21日，西安音乐学院举行“纪念毛泽东同志《在延安文艺座谈会上的讲话》发表80周年暨新时代音乐创作座谈会”，本文系作者根据会上发言内容整理而成。

正轨，才能够不断地从胜利走向更大的胜利。历史早已证明，这是一个具有卓越领导力的领袖人物。那么，这个卓越领导力源自哪里？当然，首先需要有对现实的深刻洞察力和解决问题的能力，解决问题的能力又基于分析现实的能力，分析现实的能力又基于其思想方法的科学性与艺术性。笔者这次在《讲话》文本的研读中，所发现的正是这种高明的思想方法。

《讲话》的思想方法表现出一种程序性的结构，我们可以分三个环节加以描述。

首先，从实际出发，围绕中心工作，为研究对象科学定位。在工作中遇到问题，应该如何解决?《讲话》的思路是：从实际出发。这一点，在文章的开篇部分即予以点明："我们讨论问题，应当从实际出发，不是从定义出发。"又说："马克思主义叫我们看问题不要从抽象的定义出发，而要从客观存在的事实出发，从分析这些事实中找出方针、政策、办法来。我们现在讨论文艺工作，也应该这样做。"从实际出发，就要明确所面对的现状是怎样的。所以，《讲话》紧接着就摆出当时的七个基本事实，即，已进行了五年的全面抗日战争、正在进行的全世界的反法西斯战争、大地主大资产阶级对抗日的动摇和对抗日力量的压迫、"五四"运动以来的革命文艺运动的贡献与缺点、八路军新四军的抗日民主根据地文艺工作者同工农兵结合所取得的成绩、根据地文艺工作与国统区文艺工作环境和任务的不同、根据地文艺工作中已经发生争论的问题，等等。然后指出："这些就是实际存在的不可否认的事实，我们就要在这些事实的基础上考虑我们的问题。”

弄清现实之后，就是明确当前的中心工作和工作中心以及文艺工作与中心工作的关系。当前的中心工作和工作中心，当然是抗日救亡，是尽可能广泛地动员广大人民群众投入到抗日救亡工作中去。这样的工作，实际上存在着两条战线，一是军事战线，二是文化战线。这两条战线都是抗日救亡工作不可缺少的部分。这样一来，实际上就给当时的文艺工作做了明确定位：文艺不是游离于抗日救亡工作的一种孤零零的存在，而是为抗日救亡服务的，是抗日救亡工作的一个有机组成部分。我们看到，《讲话》在其“引言”中就把这个意思表述得非常清楚：这次文艺座谈会，“目的是要和大家交换意见，研究文艺工作和一般革命工作的关系，求得革命文艺的正确发展，求得革命文艺对其他革命工作的更好的协助，借以打倒我们民族的敌人，完成民族解放的任务”。我们的目的“就是要使文艺很好地成为整个革命机器的一个组成部分，作为团结人民、教育人民、打击敌人、消灭敌人的有力的武器，帮助人民同心同德地和敌人作斗争”。这是对当时的文艺工作的一个定位。这个定位必须明确，并且必须得到与会者以及广大文艺工作者的普遍认同。有了这方面的认同，后面的问题才能够得到合理的解决。

其次，在众多问题中抓住根本问题，找到解决的突破口。召开这次文艺座谈会，是因为当时延安及其他根据地有相当一些文化人在思想意识上出现了问题。这些问题的表现形态各种各样，例如：我们到底应该创作什么样的文艺？我们的文艺到底应该为谁服务？面对广大群众，究竟应该是普及还是提高以及如何提高？我们的文艺创作主要应该向生活学习还是向书本学习？根据地的文艺功能应该主要是歌颂还是暴露？如此等等。

面对如此多的问题，应该从哪里着手？这是必须首先考虑的。毛泽东的思路非常明确，即抓住主要问题。用毛泽东的话说，就是抓住“问题的中心”。这个“问题的中心”是什么？他认为就是“为什么人”的问题。他开宗明义地说，他的“总结”（亦即《讲话》的主体部分）就讲两个问题：一是“为群众的问题”，二是“如何为群众的问题”。前者就是“为什么人”的问题，是“问题的中心”；后者则是在此基础上派生出来的问题，是如何处理具体事情的方法问题。他强调说，两者之中，“为什么人的问题，是一个根本的问题，原则的问题”。

之所以能够确认“为什么人”是当时文艺工作的主要问题、根本问题，是由党在当时的中心工作决定的。当时的中心工作是抗日救亡，而要完成抗日救亡的伟大工程，就必须唤起最广大人民群众的抗战热情和责任；而要唤起广大人民群众的抗战热情和责任，文艺是不可或缺的工具。他在《讲话》的“引言”部分就强调抗战有军事和文化两条战线，而文化战线中文艺又占据特别重要的位置，发挥着其他部门无可替代的作用。文艺是依靠受众而存在，并实现其价值的。因此，文艺创作首先就有一个为谁而作、为谁服务的问题。抗战的主体是人民群众，文艺当然应该是为人民群众服务，人民群众当然就应该成为文艺表现的主要对象，“为群众的问题”当然也就成为文艺工作的主要问题、根本问题了。其他问题，实际上都是由这个主要问题、根本问题派生出来的。

实际上，“为什么人”的问题还不仅仅是那个时代的根本问题，也是现在文艺工作的根本问题；而且，即便是现在，这个问题也并未得到很好的解决。虽然现在的时代和那个战争的时代有了很大不同，阶级的因素、阵营的因素确实淡化了许多，但文艺应该为广大人民群众服务的宗旨则永远不会变。既然是为广大人民群众，就不应该仅仅局限于某个阶层或圈子，更不应该使文艺仅仅成为同行间的“惺惺相惜”或“孤芳自赏”。我们的文艺中确实存在着过分“精英化”、过分“专业化”和过分“技术化”的倾向，文艺创作中确实存在着不太考虑广大接受者的客观需要和实际情况的问题，使得许多作品严重脱离现实，脱离人民群众，结果是“看不懂”“不知所云”“不感兴趣”，得不到人民群众的共鸣与响应。这就是在“为什么人”上出了问题。因此，《讲话》的这一思想在现在并未过时，仍然有其积极的意义。

在众多问题中抓住主要问题，是毛泽东思想的精髓之一。他在《矛盾论》中曾经阐述过主要矛盾和矛盾的主要方面原理。他说：“在复杂的事物的发展过程中，有许多的矛盾存在，其中必有一种是主要的矛盾，由于它的存在和发展规定或影响着其他矛盾的存在和发展。”因此，在研究问题的过程中，“如果是存在着两个以上矛盾的复杂过程的话，就要用全力找出它的主要矛盾。捉住了这个主要矛盾，一切问题就迎刃而解了”。在前面罗列的众多问题中，“为什么人”的问题就是主要矛盾。他又说：“矛盾着的两方面中，必有一方面是主要的，他方面是次要的。其主要的方面，即所谓矛盾起主导作用的方面。事物的性质，主要地是由取得支配地位的矛盾的主要方面所规定的。”在群众需要与文艺现状这一主要矛盾中，群众需要又无疑是主要矛盾的主要方面，所以，“为群众的问题”才被确立为文艺工作的根本问题。

最后，在构建的框架中解决具体问题，做到事半功倍。解决了“为群众的问题”，接下来就是“如何为群众的问题”，也就是文艺工作中的具体问题如何解决的问题。《讲话》在不大的篇幅中一口气分析了十几个问题，并使其得到妥善的解决。其成功的妙道，就在于他是将其放在“为群众”的框架中加以对待的。

例如“普及与提高”问题。当时文艺工作中存在着重视提高而轻视普及的倾向，就是因为没有弄清楚“为什么人”的问题。“因为没有弄清楚为什么人，他们所说的普及和提高就都没有正确的标准，当然更找不到两者的正确关系”。毛泽东强调说：“我们的文艺，既然基本上是为工农兵，那末所谓普及，也就是向工农兵普及，所谓提高，也就是从工农兵提高。”这就不仅涉及普及与提高的关系，更关系到普及与提高本身的内容问题。到底应该是什么样的普及？又应该是什么样的提高？那种“言必称希腊”“剧必称莎士比亚”的做法，显然是脱离了根据地文艺所应服务的对象。所以，毛泽东反复强调，我们的文艺工作一定包含着普及与提高两个方面，但普及一定是适应广大工农兵群众需要的普及，提高也一定是在普及基础上的提高，都不是“另起炉灶”。这样一讲，就把问题讲得很清楚，使广大文艺工作者得以走出迷茫。

又如“源与流”亦即“生活与书本”的关系问题。当时根据地文艺界存在着一股重视书本而忽视生活的思想倾向，认为古代的、外国的文艺作品，可以作为学习的对象、创作的源泉。这是混淆了“源”与“流”的关系。毛泽东指出，一切书本上的东西都只是“流”，而不是“源”。文艺的“源”只能是生活，是群众轰轰烈烈的斗争生活。“人民生活中本来存在着文学艺术原料的矿藏……它们是一切文学艺术的取之不尽、用之不竭的唯一的源泉。这是唯一的源泉，因为只能有这样的源泉，此外不能有第二个源泉。”所以，一切文艺工作者都“必须到群众中去，必须长期地无条件地全心全意地到工农兵群众中去，到火热的斗争中去，到唯一的最广大最丰富的源泉中去，观察、体验、研究、分析一切人，一切阶级，一切群众，一切生动的生活形式和斗争形式，一切文学和艺术的原始材料，然后才有可能进入创作过程”。这个思想也是直接从“为什么人”的问题中获得支持的：既然文艺是“为群众的”，那么当然要深入了解群众，了解群众的生活，了解群众的需要，了解他们的思想、感情、精神、趣味。值得指出的是，毛泽东关于体验生活的论述，应该是直接源自中国传统美学思想（相比之下，西方美学在论述文艺创作时更强调的是“灵感”）。中国文艺有一个优良传统，即十分重视文艺要源于生活，要有对表现对象的真切体验，汉末文学家、音乐家蔡邕提出的“移情说”就是这方面的代表。他借琴家伯牙随老师成连赴蓬莱之滨体验大自然之事，其目的就是要把艺术表现的对象之“情”移至心中。它表明，文艺家在创作之前，先要对自己表现的对象进行认真观察、细心揣摩、深入体验，这样才能圆满地完成对它的表现，这同西方美学中的“移情说”主张将自己之“情”移至对象的理路迥异其趣。毛泽东还强调文艺工作者应该做人民群众的“代言人”，这个思想也同传统美学思想有关。清初画家石涛的《苦瓜和尚画语录》载：“山川使予代山川而言也。”画山川就是为山川“代言”，表现人民群众的生活自然就是为人民群众“代言”。

再如“政治标准与艺术标准”问题。抽象而论，这两个标准似乎是各自独立的，那么其关系似乎也难以言定；但若将其放置于抗战这一中心工作之中，并归之于“为群众”这一纲领之下，其答案也就显豁起来。毛泽东说：“文艺批评有两个标准，一个是政治标准，一个是艺术标准。按照政治标准来说，一切利于抗日和团结的，鼓励群众同心同德的，反对倒退、促成进步的东西，便都是好的；而一切不利于抗日和团结的，鼓动群众离心离德的，反对进步、拉着人们倒退的东西，便都是坏的。”我们的文艺工作是为抗战服务的，自然首先要符合抗战的要求，这就是政治标准。就这个意义而言，说“任何阶级社会中的任何阶级，总是以政治标准放在第一位，以艺术标准放在第二位的”，不仅在陈述上符合实际，在学理上也合乎逻辑。当然，理想的要求还是“政治和艺术的统一，内容和形式的统一，革命的政治内容和尽可能完美的艺术形式的统一”。因为“缺乏艺术性的艺术品，无论政治上怎样进步，也是没有力量的”。只有艺术性充分的文艺作品，才能完满地担负起推动抗战这个中心工作的任务。

除了以上三个问题，毛泽东还成功地论述了“人性论”“人类之爱”“写光明还是写黑暗”“歌颂还是暴露”“还要不要鲁迅笔法”等问题。这些问题之所以能够得到顺利解决，都因为它们是被放置于抗日救亡的中心工作之中，并且在“为什么人”的前提下加以对待的，所以合情合理，让人信服。

总之，《讲话》虽然只是一次会议的总结发言，只是对文艺工作的一篇论说文章，但却鲜明地体现出毛泽东一贯的思想方法。这种方法既来自作者对现实的深刻洞察，亦来自其善于抓住根本、厘清逻辑关系的分析论证能力。有了这种能力，用在学术上，便有了《湖南农民运动考察报告》《论持久战》《矛盾论》《实践论》等一系列光辉著作；用在工作中，则能够把握形势，看清道路，克服困难，领导中国革命从胜利走向更大的胜利。

[原载《交响（西安音乐学院学报）》2022年第2期]

接受美学与毛泽东文艺思想

——兼及理论思维方式的变革问题

翟　咏

想必人们都还记得改革开放初始的那些年月，曾被长期拒于千里以外的西方现代文艺美学新思潮、新理论、新方法及其发展新趋向的种种信息，随着国门大开，便一股脑儿地蜂拥而入，并且迅速地在我国学术界激起了热烈的反响。一场以翻译评介、传播引进国外文艺理论著述为主要内容的热潮遽然兴起，这中间不仅有像符号论美学、现象论美学、结构论美学、精神分析美学等这样一些并不十分陌生而又令人倍感新鲜的新兴学科著作，并且也有依据系统论、信息论、控制论、耗散结构论等自然科学新方法建构起来的美学理论著作。此外还有不计其数和闻所未闻的如意识流、格式塔、陌生化、集体无意识、原型批评、模糊集合、解构主义、黑箱理论等五花八门、无奇不有的新术语、新名词，简直令人眼花缭乱、应接不暇！

展现在人们面前的这一激动人心的场面，是在我国中断与外界联系长达20年之久后蓦然而至的。面对着数以百计的新兴学科，确实让我们大开眼界，大增见识，不啻是一次向外来文化学习借鉴、广采博取的难得良机。难怪人们对此表现出了前所未有的巨大热情和浓厚兴趣，争相研读、交流切磋，竟蔚为一时风尚。

但是，机遇常常是与挑战并存的。“破门而入”的外来文化并不仅是通常意义上的文化传播，而且也是对中国文化的一个刺激、一次冲撞、一场挑战。面对这一现实，人们既要尽快地学习、了解、掌握它们，同时又要对它们进行一番全面的审视和深邃的思考，并且还须结合对本民族文化的反思，焕发本民族的应战意识，寻求和探索出一条使中国文化从传统形态走向现代形态的道路，以推进我国的社会主义现代化建设。事实正如所期望的那样，改革开放以来的15年里，人们就是这样走过来的。不过，我们所要思考和研究的文艺美学理论课题，仍需付出巨大的劳动和艰苦的努力，笔者在此拟就接受美学这一十分诱人并且一直受到美学界普遍关注和高度重视的新兴学科，尝试运用毛泽东文艺思想的基本原理，对其进行一番剖析和评估。并以此作为纪念毛泽东同志百岁诞辰，表达笔者对这位革命导师、世界伟人的深切怀念和由衷的敬意。

一

20世纪60年代后期，滥觞于德国并迅速风靡全世界的接受美学理论，是当今时代文艺美学研究由以艺术家及其作品为重心向以广大读者、观众、听众为重心而转移的产物。它标志着文艺美学研究的一次质的飞跃。

尽人皆知，在此以前的，包括柏拉图、亚里士多德、贺拉斯、狄德罗、鲍姆嘉通、康德、席勒、黑格尔、克罗齐等在内的西方传统美学思想史，实际上是一部“书斋”美学史。这种美学理论最感兴趣和最为关注的是“什么是美”，亦即“美的本质”这样的一些问题，一向很少去研究广大文艺接受者们是如何感受美的问题。但凡有人提及某件文艺作品，该作品的作者照例是被当作首要的研究对象予以极大的关注。相反，读者、观众、听众则完全是无所谓的。他们从完整的艺术创造活动中被排斥了出去，使之降到了艺术作品旁观者的地位。其之所以如此，是因为西方传统美学理论从来认为，艺术作品是由作者独立完成的，创作纯属艺术家分内的工作，欣赏者是沾不上边儿的。虽然也曾有人把表演者的“二度创作”纳入艺术创造活动范围之内予以考虑，但也不过如此而已，好像艺术创造活动的疆域也就到此为止。作为欣赏者，作者写什么，你就欣赏什么好了，至于作者写些什么和怎么写的问题，欣赏者大可不必过问。即使有人想到欣赏者，充其量也只是给他们讲一讲作者的创作动机，阐释一下作品的内容和形式结构，以及如何领会和理解创作意图、把握作品的风格特点、品味艺术美之所在等指导性意见罢了。

事情果真像西方传统美学所认为的那样吗？不，绝对不是。

人类的艺术实践活动表明，上述看法是极端片面的，因而也是站不住脚的。因为它抹杀了这样一个基本事实：人类的艺术活动在客观上必然包含着创作和欣赏这两个互为依傍、相互制约、相互渗透的基本方面。真正意义上的艺术作品是从处于两极的作者、接受者的“对话”中生成的，谁也离不开谁。试图否认两极之中任何一极的做法，都必将导致人类艺术活动的人为断裂，其学说亦必将最终沦为一种“跛足理论”而贻笑大方。

事实正是这样的。西方传统美学理论对艺术家作用的片面强调，以及只注重对艺术本文意义的探寻，虽然曾在历史上建树殊多，功不可没，但是，随着 20 世纪，特别是第二次世界大战后，现代派文艺思潮的崛起，科学主义哲学、美学的勃兴，以及自然科学、社会科学和人文科学的相互渗透、结合，人们对传统美学理论一贯的封闭性研究日渐不满，迫切要求美学走出书斋，超越本身的局限，从各种学科的新的交汇点上寻找自己立身的出发点，寻找建立开放体系的新方法，从艺术的社会功能和社会影响等方面来回答人们对艺术文化的深切关注。 接受美学正是在这样一个历史文化背景下应运而生的。它体现着美学研究方向朝着更深层次和更高阶段转变的历史必然性。

那么，接受美学理论究竟在哪些方面独辟蹊径，为我们开创出了一片前所未有的思维空间呢？在此，笔者仅就其核心观点做一简要归纳，或可窥豹一斑。

第一，与传统美学相反，接受美学认为，艺术创造活动不是在艺术家写完他的作品的那一刻就画上了句号。从人类艺术创造的全过程而言，这只是千里之行的第一站，此后的路程将比作者已走过的道路长得多。欧洲著名文化社会学家和艺术史学家阿诺德·豪泽尔说得好："当艺术家说了全部他要说的话并缄默下来的时候，受者就开始说话了，作品以后的历史就以受传的形式来写了……艺术作品到了受者手里以后的命运是构成艺术发展历史的最重要的内容。"[①] 这就是说，艺术作品只有进入传播与接受过程，才能实现其艺术价值。而这个过程因其接受者的不同个性、爱好、知识结构、艺术素养和生活阅历而成为一个充满生机的、多姿多彩的再创造过程。因此，作品的产生并不是艺术活动的终结。艺术作品的意义是从"本文"与接受者的双向互动或"对话"中生成的。

第二，由上可知，艺术活动具有"不容忽略的两极"[②]，一极是艺术家创造的"本文"；另一极是接受者对"本文"的具体化。对于艺术家来说，艺术本文不是他所追求的终极目标，他的全部工作仅是赋予作品以某种潜在意义，创造出借以引起欣赏者审美再创造的刺激物。因此，艺术本文在本质上是一种开放性的结构。所谓开放性结构，是指艺术作品不是某种独立自足的存在物，而

①[匈] 阿诺德·豪泽尔：《艺术社会学》，居延安译编，学林出版社 1987 年版，第 136 页。

②[联邦德国] W. 伊泽尔：《审美过程研究——阅读活动：审美响应理论》，霍桂桓、李宝彦译，杨照明校，中国人民大学出版社 1988 年版，第 251 页。

是为欣赏者提供了一个驰骋想象力的广大空间和为再创造留下了充分的余地，并且能够在不同的历史、社会和文化背景下具有各不相同的意义结构，使欣赏者得以从中展现出多彩的人生体验和审美趣味。而另一极的接受者，则不只是艺术作品的被动感受者。接受者必须是艺术创造活动的主动参与者，要善于运用联系无穷的艺术思维，充分发挥想象力，调动内外阅历和艺术经验储备，以填补艺术本文中跳跃的空间和时间，使之变得充实丰满、生动可感的时候，其潜在社会功能才得以实现，艺术生命也才得以延续。没有接受者的积极参与，艺术作品实际上就无所谓存在。

第三，接受美学还认为，艺术史就是接受者的历史。作品通过接受者对于社会文化产生的影响和效果，才构成了艺术史的基本内容。换句话说，艺术作品的意义和价值不是由作者的意图或作品本身决定的，也不是对于所有时代的不同的接受者都是一样的。“审美感知本身是以历史变化为条件的”[①]，艺术本文的意义会随着社会文化历史的发展而展示出新的含义，并且是在接受的过程中逐渐实现的。因此之故，不同时代、不同民族、不同地域的艺术接受者的接受意识是很不相同的，而且每一个艺术接受者又都是活生生的人，他们有思想、有情感、有个性、有爱好，在审美上也会造成诸多差异。这样一来，就必然会对同一艺术作品产生不同的阐释，产生不同的接受效果和社会功能。

---

①[德] H.R. 尧斯：《文学与阐释学》，周宪译，《文艺理论研究》1986 年第 5 期。

综上所述，不难看出接受美学理论体系的中心思想就是以艺术接受者为其理论的唯一旨归，并在艺术家、作品和接受者的三角关系格局中，确认后者并不是被动的因素，不是单纯地做出反应的环节，其本身就是一种积极的创造性的构成因素，是艺术家的合作者和创作活动的最后完成者。显而易见，这是西方传统美学理论迄今未涉足的一块理论新天地。接受美学捷足先登，其进步意义和历史功绩是毋庸置疑的了。

二

据接受美学学派创始人沃尔夫冈·伊瑟尔、汉斯·罗伯特·尧斯（有人译作姚斯）的论著表明，接受美学原本是针对文学作品接受问题而创立的一种文学鉴赏理论。它的理论原理以及全部概念、范畴等，都是建立在文学创作和鉴赏的事实和问题之上的。能否运用这一理论来有效地说明文学以外诸艺术的接受问题呢？这是人们难免会产生的一大疑虑。然而，事实表明，这种担心是多余的。

诚然，每一种艺术的存在形态、表情达意、反映生活的能力和途径，以及给人的特定感受，都是由其采用的物质手段所规定了的。那种无视不同艺术门类之间的差异和各自特点的任何理论尝试，都注定是行不通的。但是，以文学为主要研究对象的接受理论却并没有遇到太多的麻烦，就迅速地被移植并运用到各类艺术中了。原因何在？我认为最重要的一点，就是在它创立之初所赖以奠基的理论根据和事实根据，并没有局限于文学这一狭小范围之内，而是把眼光延伸并扩大至整个文艺领域，从各类艺术中汲取灵感、接受启迪，从而赋予了接受美学理论以广泛适用的普遍性品格。

譬如，尧斯在创建接受美学理论的过程中，就曾不止一次地援引过音乐方面的例子。这里有信手拈来的两段话，一是他在《文学史作为向文学理论的挑战》一文中的一段话："一部文学作品，并不是一个自身独立、向每一时代的每一读者均提供同样的观点的客体。它不是一尊纪念碑，形而上学地展示其超时代的本质。它更多地象一部管弦乐谱，在其演奏中不断获得读者新的反响，使本文从词的物质形态中解放出来，成为一种当代的存在。"[①] 还有是在他的另一篇题为《文学与阐释学》的文章中的一段话："我们的分析必须注意含义（signification），因为含义在文本为读者勾划了轮廓（象音乐总谱一样）的感知过程中仍然是开放的。"[②]

为什么要用音乐的例子来说明文学接受理论呢？这绝非偶然。其原因不在于音乐与文学之间有许多相近和相似的地方可以进行类比，而在于音乐更能体现出接受美学理论的精髓神韵，因而用音乐做比拟就显得更加贴切入微。

①［联邦德国］H.R. 姚斯、［美］R.C. 霍拉勃：《接受美学与接受理论》，周宁、金元浦译，滕守尧审校，辽宁人民出版社 1987 年版，第 26 页。

②［西德］H.R. 尧斯：《文学与阐释学》，周宪译，《文艺理论研究》1986 年第 5 期。

首先，尽人皆知，文学是语言艺术，而音乐则是音响艺术，两者所用的物质媒体判然有别。尽管文学不像绘画、雕塑那样具象而直观，它所描绘的人物、景观和事件过程是通过语言文字符号间接表达出来的，读者无从直接感知，需靠联想、想象等的帮助予以领悟。但是，文学作品却可以通过具有相对确定性的语词，使其所创造的文学形象与现实生活现象之间建立起某种对应关系，以实现其对具体事物进行生动而真切的再现。此外，文学作品还可以借助语言文字的表意功能，对人物思想情感的把握不至于太离谱。可是，音乐则不然。在同现实的关系上，音乐要比文学走得更远。虽然音乐同文学相比，自有其听觉直接可感性的优势，但音乐向人们提供的音响，却不是直接来自客观世界的音响复制品。音乐几乎没有描摹事物和传达思想的起码本领。因为音乐从不具备语言文字表形状物、达意言志的功能。它唯一可以凭借的就是乐声、人的情感以及与现实事物之间在动态上的“异质同构”关联而已。因此，人们只要提到音乐，总是要把它同“空洞”“抽象”“模糊”等概念联系起来抱怨一通。然而，殊不知正是由于音乐与生俱来的这些“弱点”，才使音乐成了接受美学的最佳研究对象。这是因为音乐为艺术接受者进行“再创造”所提供的余地，远比文学和其他艺术多，也最能发挥接受者的主体创造性。

其次，音乐不同于仅有作者与读者构成的二度创作过程的文学，它是由作曲家、演奏（唱）家和听众这三个大环节连接起来的三度创作过程。创造环节的增加不只是从横向上扩展了接受背景，而且也从纵向上加深了接受的内在层次和难度。如果说，文学作品的读者面对的是作家直接提供的“第一本文”，那么，音乐听众直接面对的，则是由演奏（唱）家加上自己创造性的艺术处理并带有独特表演风格印记的“第二本文”。而此刻的音乐听众，既要直接与表演者“对话”，又需间接与作曲家“交谈”，并且还要使这两种交流相互参照、渗透交融。这样一来，就势必要充分调动自己的积极思维，方能深入这一“复调结构”式的接受背景中去，为参与再创造过程、最终达致音乐作品的真正实现开辟道路。

最后，文学与音乐之间的根本区别还在于接受方式和途径的不同，接受美学认为，文学本文是虚构的本文，它不是生活现象的实录，而是通过对生活素材筛选提炼和剪裁，并运用简节、隐曲、象征、变形或重铸等艺术手段，给读者留下某些暗示或曰空白结构，待读者阅读的想象来填充；而音乐本文（曲谱）则不仅是虚构的本文，而且是简直近乎“无中生有”地构建起来的本文。人们从中无从窥探到生活现象的影子，甚至连一点蛛丝马迹都找不到，它留给听众的仅是一串串、一束束流动的音响而已。因此，听众的任务不是挖空心思地从音乐中寻觅和复现作曲家在创作时的所见所闻，而是根据乐曲的性质和可供参考的有关资料（如作曲家的创作札记、乐曲的文字标题等），来重构自己的“第三本文”。

譬如，贝多芬的《g小调第五（命运）交响曲》就是一个很好的例子。有人认为该曲的开始动机象征着黑暗势力的“命运主题”[①]；但是，也有人认为该曲开始的主题是描写惊涛拍岸的海浪，借以表现火山爆发式的感情宣泄。一前一后，两相对照，其反差竟如此悬殊。究竟谁对谁错？很难判断。在接受美学看来，根本就无所谓对错。因为非标题音乐不具有既定的所指，全靠欣赏者自己去发掘本文（乐曲）的潜在结构和意蕴。即使是标题音乐，也不宜过分拘泥于标题的含义，硬要从中发掘出标题的对等物来，这样做就未免太不懂音乐了。

由上可见，音乐作品的接受是极其特殊的，其解释可以多种多样，但也不能随心所欲地乱加诠释或穿凿附会地臆造出本不存在的“意义”来。要知道音乐的要义不在于描绘客观事物，那是造型艺术和语言艺术的事情，无须音乐代劳；音乐也不是要向人们讲述什么道理伦常，那是学术界的事情，更与音乐无关。音乐的要义在于引起人们心弦的和谐共振，唤起人们对生活的渴望以及对美和自由的热烈追求。而这一切也正是接受美学所要达到的最高境界。

诚然，文学以至影视艺术，也为读者、观众提供了参与艺术再创造的条件和契机，否则也就不存在“有一千个读者，就有一千个哈姆莱特”这样的说法了。但即使如此，它们比起音乐为听众所留下的广阔余地来，终究还是稍逊一筹的。这是因为在文学、

---

① 据传贝多芬曾说过该主题动机为“命运在敲门”，因而人们称该主题为“命运”，整个交响曲也因而被称为“命运交响曲”。

戏剧、影视欣赏中，尽管接受者可以把某些人物角色想象成相貌不同的样子，并且可以任由不同的演员来扮演，但是，却没有人会把像林黛玉这样的典型与薛宝钗混同起来，更不会有人把林黛玉想象成焦大一般的人物。

三

通过上文我们对西方接受美学理论的简要评述，并且结合音乐对它的广泛适应性所进行的考察验证，足以说明这一理论是有道理的，理应受到人们的青睐。但是，这么说，并不意味着西方接受美学就好得无以复加和无可挑剔了，事实上，这个理论从创立至今才不过二三十年的时间，还是一门正处在成长阶段中的新兴学科，说不上它有多么成熟，更说不上完美无缺了。睿智的读者定会发现这个理论中有不少论述不周、语焉不详和牵强偏颇的地方。但是，我们不应对之要求过苛。

那么，是不是仅仅因为西方接受美学理论是我们所阙如的而予以珍视的呢？也不是的。诚然，接受美学的叫法是西方人的“发明”，但并不等于我国传统美学中就没有关于“接受”方面的研究。恰恰相反，重视艺术接受者（大众）在审美及艺术创造活动中的积极作用，是我国传统美学理论中最为关注的课题之一，有关这方面的言论可以说比比皆是，且不乏闪光的思想、精辟的见解。例如“仁者见之谓之仁，智者见之谓之智”（《易经·系辞上》),“器宝,待人而后宝”(扬雄),“美不自美,因人而彰”(柳宗元),“睹一事于句中,反三隅于字外”(刘知几),“含不尽之意,见于言外”(欧阳修),“句中有余味,篇中有余意,善之善者也”(姜夔),“三分诗,七分读”(周密)等,莫不是体现了对艺术接受者的聪慧及创造性的高度尊重和充分肯定,同时也是对艺术创作规律的深入揭示。当然,笔者所列举的这些只言片语并不能证明接受理论在中国古已有之。因为接受美学不是一般文艺理论中的鉴赏批评研究,它自有其独立完整的理论体系,也就是说,它有其特殊的研究对象和内容、原理和方法、概念和范畴等一整套系统范式结构。因此,无论如何也不能把散见于各种议论中的个别言论,看作一门学科理论。否则的话,也就未免太缺乏理论研究的严肃性和科学性了。对此,我们应当有自知之明。

但是,即使如此,笔者还是确定不移地认为,接受美学并不是西方人所独享的“专利”。举世皆知,早在西方接受美学诞生的30多年前,也就是20世纪40年代初,毛泽东同志就先期于《在延安文艺座谈会上的讲话》(以下简称《讲话》)中,为我们提供了一种远比西方接受美学更先进、更完备和更富创造性的、博大精深的文艺接受理论范式,从而为接受美学开启了历史的先河。这不是我们敝帚自珍、孤芳自赏,关起门来自封为天下第一,而是得到了国际上的承认和赞扬的。且听《讲话》英文版翻译者之一的澳大利亚学者庞尼·麦克杜尔是怎么说的吧。

> 在西方文学研究中，对读者对象问题的兴趣的增长，或许还只是近二十年来的事情。……马克思主义文学理论对读者问题注意得也是不多的。……但毛泽东却是第一个把读者对象问题提到文学创作的重要地位的人。……这是《讲话》中最重要、也是最有创造性的一部分。毛泽东在这方面，是高于他的西方批评者、也高于现在西方马克思主义文艺理论家的。[①]

诚如前文所言，毛泽东确是当之无愧的“第一个把读者对象问题提到文学创作的重要地位的人”。在他之前的马克思、恩格斯和列宁等革命导师，虽然也曾提出过“人民历来就是作家‘够资格’和‘不够资格’的唯一判断者”“艺术是属于人民的。它必须在广大劳动群众的底层有其最深厚的根基”[②]这样一些原则性的思想，但却未能就艺术特受者（大众）在艺术创造活动中的作用问题，进行比较充分而深入的讨论。于是，这个重任就历史地落在了毛泽东的肩上。那么，毛泽东又是怎样着手解决这样一个“前无古人”的重大课题的呢?

在毛泽东看来，文艺问题固然头绪繁多，但归根结底是一个“为什么人”的问题，并且认为它“是一个根本的问题，原则的问

①[澳]庞尼·麦克杜格尔：《英译〈在延安文艺座谈上的讲话〉及其对文学意义之阐释》，尹慧珉译介，《中外文学研究参考》1985年第6期。

②[德]蔡特金：《回忆列宁》，马清槐译，人民出版社1957年版，第14页。

题”，因此作为首要解决的核心问题被列入《讲话》之中。

毛泽东之所以如此看重这个问题，绝不仅仅出于当时抗日战争形势的一时之需，而是站在人类历史的过去、现在和未来的三维交汇点上，以历史唯物主义的宏阔视野来确定问题的坐标的。根据他的观察，“人民，只有人民，才是创造世界历史的动力”[①]。然而，他所见到的现实情况却完全与之相反，“中国历来只是地主有文化，农民没有文化”[②]，“历史是人民创造的，但在旧戏舞台上（在一切离开人民的旧文学旧艺术上）人民却成了渣滓，由老爷太太少爷小姐们统治着舞台”[③]。因此，毛泽东不无愤怒地指出这是“历史的颠倒”，他决心要将颠倒了的历史再颠倒过来，恢复历史的面目，把人民创造的文化还给人民。

毛泽东就是从这样一种具体国情出发，提出历史的主体、文化的主体只能是占人口 90% 以上的人民大众，从而也就理所当然地确立了人民大众作为文艺接受主体的地位。而围绕着“为什么人”这一中心问题，毛泽东又进而提出了一系列旨在解决“如何为群众”这一问题的具体办法，如提出文艺工作者深入群众火热

---

①毛泽东：《论联合政府》，载《毛泽东选集》（第三卷），人民文学出版社 1991 年版，第 1031 页。

②毛泽东：《湖南农民运动考察报告（一九二七年七月）》，载《毛泽东选集》（第一卷），人民文学出版社 1991 年版，第 39 页。

③毛泽东：《关于文艺问题的十七封信——至杨绍萱、齐燕铭》，载《延安文艺丛书》编委会编《延安文艺丛书　第一卷　文艺理论卷》，湖南人民出版社 1984 年版，第 70 页。

斗争生活，转变立场和思想情感，解决好普及与提高的问题等。与此同时，《讲话》还纠正了文艺界普遍存在的某些错误倾向，从而把文艺工作引上了为人民服务的正确轨道。

四

由上文可知，毛泽东关于读者在文艺创作中的重要作用的强调和重视，乃是一项具有划时代意义的创举，影响极其深远。也许有人会认为在这一问题上，与西方接受美学有着殊途同归、异曲同工之妙，但是，这种看法并不完全正确。事实上，两者之间还存在着某些原则性的分歧，我们不应对此视而不见。

譬如，在对文艺接受者的认识上，两者就有很大的差异。《讲话》中所指的接受对象是具体的，是占全国人口 90% 以上的人民大众，而西方接受美学所指的接受对象却是抽象的，是一些既不知其思想观念、文化教养，也不了解其审美趣味、接受水平的人。

又如，在如何正确对待作者、作品、读者三者关系的问题上，也存在着很大的不同之处。《讲话》是在整体的把握中突出文艺接受者的主体地位，但并未因此而忽视艺术家的主导作用，因此，《讲话》反复强调艺术家必须深入生活，深入群众，熟悉自己的服务对象，努力创作出为广大人民群众所喜闻乐见的作品来。而西方接受美学则完全与之相反，在他们看来，接受者是凌驾于一切之上的，作者表现了什么是无所谓的，关键是读者从中发现了什么，片面鼓吹读者需要在多义中“工作”的绝对自由[①]。

再如，在如何提高接受者鉴赏水平的问题上，同样存在着不可逾越的鸿沟。《讲话》中关于真善美的客观标准和普及与提高关系的论述，充分表现了对接受对象的深切关怀和高度负责精神，旨在沿着正确的美学方向，不断提高他们的艺术素质，以期实现文艺为改善人类的崇高目标和历史使命而努力。可是，西方接受美学却对此缄口不语，好像这一切都不是艺术家的分内职责似的。

除了上述的几个例证之外，我们还可举出许多类似的问题，进一步用来说明《讲话》与西方接受美学之间的细微差别。但是这项工作不是本文所能承担得了的，只有留待以后专文论述。不过，通过上面的对比分析足以说明，西方接受美学远没有达到《讲话》早已达到的那种历史高度和理论深度。究其原因，主要是受其现实社会环境、文化传统和思想观念等主客观条件的局限所致，这是我们无法强求的事情。

然而，即使如此，西方接受美学也仍然不失为我们这个世纪在美学领域的一项重大理论成果。其难能可贵之处，就在于该理论学科的创建者们敢于向传统理论挑战，敢于冲破一切思想障碍，独辟蹊径地走出一条自己的道路来。这种勇气和执着追求的科学态度，并不是我们大家都已具备的品质。另外，西方接受美学在理论体系的构建上，也有值得我们借鉴的地方，我们也不应对此

---

① 参见［联邦德国］H.R. 姚斯、［美］R.C. 霍拉勃《接受美学与接受理论》，周宁、金元浦译，滕守尧审校，辽宁人民出版社 1987 年版。

视而不见。

但凡经常看电视的人都知道，在中央电视台的《环球45分钟》节目中，有一个叫作《我怎么没想到》的栏目，主要是报道小发明的，很富有启发性，使人们颇受教益。在本文临近结束之际，笔者忽然想到这个栏目，绝非一时走神，也不是节外生枝，而是想到为什么在西方接受美学传入我国之先，我们中国的文艺理论家就没有想到自己也能够创建自己的接受美学体系呢？是我们不具备这样的客观需要和条件吗？不，不是的。早在半个多世纪之前，《讲话》就已经给我们提出了这样一个重大的理论课题，怎么能说出“我怎么没想到”这样的话来呢？笔者在此丝毫无意指责哪个人，仅仅是希望我们能够进行一番认真的思考，找一找“没想到”的原因，或可对我们的理论建设有所帮助，仅此而已。

对此，也许有人会说，《讲话》已经把我们要说的话都说了，又何劳我们赘言。的确，《讲话》说得很全面，意思也很清楚明白，好像再不需要说些别的了。但是这种说法是不正确的。一位英国学者说得好：“延安《讲话》也被证明具有一种生产力，一种不是提供现成的思想，而是激发读者思想的能力。”[①] 作为当代马克思主义文艺理论家，职责就是要把努力阐发《讲话》的思想作为己任，为使毛泽东文艺思想成为中国人民和世界人民的宝贵财富而竭尽全力。

---

① [英] 戴维·莱恩：《马克思主义的艺术理论》，艾晓明、尹鸿、康林译，艾仁宽校，湖南人民出版社1987年版，第97页。

或许还会有人这么说，《讲话》是党的文艺方针政策的集中体现，我们只有贯彻执行的份儿，无须我们说三道四。此话不错，但只说对了一半。因为《讲活》作为方针政策看，是要坚决贯彻执行的，否则的话，就无从保证文艺事业的健康发展，这个道理是谁都能理解的。不过，《讲话》绝不只是一纸政策法令，《讲话》同时还是一部内容丰富的理论著作，那种把《讲话》抬到高不可攀的“绝对命令”的至高无上的地位的做法，貌似重视《讲话》，实则是贬低《讲话》的理论意义，不仅如此，这种做法还为“《讲话》过时论”制造借以否定《讲话》的口实，因为任何方针政策都有其一定的时空限制，哪有亘古不变、永远有效的政策条文呢？可是理论著作却可成为“取之不尽，用之不竭”的思想财富而光耀万世，《讲话》正是这样一部伟大的理论文献，它永远是照耀我们文艺事业前进的灯塔。所以我们不能一叶障目，只注重《讲话》的政治内容，还应着重其理论方面的价值分析和意义阐发。

此外，值得我们认真反思的是，我们还存在许多思想障碍，诸如“唯圣思维”“唯经思维”和“唯上思维”等保守封闭的思维方式，以及“重伦理、轻科学”“重直感、轻思辨”“重实用、轻理论”“重传统、轻创新”等思维定式，这一切都严重地限制了中国文艺理论家聪明才智的充分发挥。按理说，我们中国一方面有着重视文艺接受者（大众）的长期传统和理论积淀，另一方面又有毛泽东文艺思想关于接受理论的指导，完全有条件创建具有中国特色、享有世界意义的接受理论体系。只要我们能够解放思想，自觉地变革旧的思维方式，克服种种思想障碍，就一定能够完成历史赋予我们的使命，创造性地继承和发展毛泽东文艺思想，开拓出更为广阔的理论新天地。

[原载《交响（西安音乐学院学报）》1993 年第 4 期]

文化史视野中的延安革命文艺

罗艺峰

几十年来，理论界对延安革命文艺的研究，有卓著之成绩，有史料之搜集整理，有作品之讨论推广，有人物之品评研究，有理论之归纳总结，这些又莫不附丽于毛泽东同志《在延安文艺座谈会上的讲话》而每有精神的升华和哲理的深化，并形成了当代文艺研究中有影响有实绩的专门。但从西部文艺历史，尤其是文化史角度对延安时期的革命文艺和文艺运动进行研究，把这一时期的文艺现象投放在历史和文化大视野中观察，这样一种方法的研究，还不多见，笔者愿不揣浅陋试为之，以求教于诸多专家、前辈。这里集中在音乐艺术方面。

一

西部音乐，上迄先秦、下至明清，几千年的历史中，发生了无数次变革，如汉代交通西域，丝路传来异质文化而造就一代新声[①]；魏晋之社会大动荡、文化格局之大变异而形成胡乐汉声的交融[②]；唐朝之自由文化政策和种族融合带来“国际音乐时代”并造就了伟大的燕乐等[③]，均是显例。按文化史家所言，10世纪以前的西部，是处在一个全方位的开放状态[④]，不仅乐舞艺术汉胡并呈，涵纳万方，也造成了唐人宏敞雄健的文化心理和一个具有强大消化力的“文化之胃”。异质文化的成功融合，是宋以前西部音乐取得伟大成就的重要原因之一。

这样说来，西部音乐的确是在不断变化着的，变，是其生命力之源泉，西部社会生活的变化，又是其变革之“文化动力学”的根本原因。因为音乐的哲学本质是与人民生活高度一体化的，唯有与音乐一体化的生活变了，音乐才会变，唯有与音乐一体化的生命“在世状态”变了，音乐才呈现出新质。这是存在第一性、精神第二性的唯物主义命题。生活——存在条件之变化（民族迁徙、血缘化合、信仰改宗、生产方式改变等），往往造成音乐外在文化特征的变异，如异族音调混入，各种语言的杂陈，演唱方式

①（晋）崔豹《古今注》：“横吹，胡乐也。张博望入西域，传其法于西京，唯得《摩何兜勒》一曲。李延年因胡曲更造新声二十八解，乘舆以为武乐。后汉以给边将军，和帝时，万人将军得用之。”

②参见杨荫浏《中国古代音乐史稿》（上册），人民音乐出版社1980年版；孔德《外族音乐流传中国史》，商务印书馆1934年版；罗艺峰《中国西部音乐论——生成与前景》，青海人民出版社1991年版。

③参见张世彬《中国音乐史论述稿》，香港友联出版社1975年版。

④参见黄新亚《长安文化——中国文化史概论》（上卷），陕西师范大学出版社1989年版。

的不同等；而“生命在世状态”的变化，却可能引起音乐文化根本精神面貌和审美品格的变化。[1] 这二者都对音乐文化有着重要意义，而尤以后者更重要、更本质。

二

近代以来，随着封建社会的衰落，仿佛五陵原气数将尽，西部文化，包括乐舞艺术亦趋低谷，雄汉大唐气象何处可寻？但是，正是中国共产党领导的这场人民革命，给西部社会带来了最深刻的变革，它直接地造成了西部音乐文化质的变化，形成了西部音乐史上一个闪光的高潮。

这种变化不仅与一般意义上战争的“文化生成力”有关，革命战争摧毁了旧文化的社会基础，推动了生活的巨大变化，音乐文化和历史生活的主体——人民，在革命中获得的社会解放带来了新的音乐内容和形式；更重要的是改变了西部音乐的创造者、传承者主要是农民的“在世状态”，也即他们的生命新质、精神新态和理想的新涵，总之是人的哲学本质的跃进，从而造成西部音乐的新质，它集中体现在延安革命文艺上。虽然它的许多作品并非出自农民，但是它生长、滋蔓于乡民文化的海洋中，社会和人民主体发展的变化为专业文艺工作者的创造提供了一个母亲般的

---

①参见罗艺峰《中国西部音乐论——生成与前景》，青海人民出版社 1991 年版。

怀抱，她孕育和滋养了革命文艺。

陕北民间音乐的根本性变革，大略可分为几个阶段。初期经历了第二次国内革命战争，产生了一批优秀的革命民歌。第二个时期是抗日战争，自1937年中共中央进驻陕北始而以1942年毛泽东《在延安文艺座谈会上的讲话》为标志形成高潮。这一时期产生了大量新民歌、新秧歌、新器乐、新社火、新歌剧和创作歌曲，开始了初步的民间音乐整理、收集和研究，有了以“鲁艺”为代表的专业音乐教育①，有了系统的文艺观、审美观以及音乐认识论②。西部传统音乐从未有过的一些音乐品种如大合唱、秧歌剧、歌舞活报剧、少数民族歌剧、话剧配乐、西洋弦乐、钢琴音乐等也出现了。③而几乎是全民的歌咏运动、秧歌运动，比之过去的庙会、社火等群众性音乐活动，规模更大，气象尤新。这都是以伟大的民族解放战争为背景、以丰富的民间文化为基础形成的，正是抗战，使我们的民族成为“歌咏民族”④。

无疑，革命战争中的延安文艺、民间音乐等，也还是表达着

---

①参见艾克恩编纂《延安文艺运动纪盛（1937年1月—1948年3月）》，文化艺术出版社1987年版。

②这里不仅指一般文艺理论，还具体指音乐理论、戏剧理论、舞蹈理论、诗论、画论等，当时发达的文艺评论也是新文艺运动思想、路线的具体实施。

③抗战中，延安已有西洋弦乐、钢琴等独奏、合奏或伴奏，1946年7月，中央管弦乐团成立于延安，更是西部传统音乐文化变革的标志之一。少数民族歌剧有蒙古族新歌剧《上延安》等4部。

④ 冼星海:《论中国音乐的民族形式》，载《延安文艺丛书》编委会编《延安文艺丛书 第一卷 文艺理论卷》，湖南人民出版社1984年版，第695页。

一个鲜明的母题——“生存”，但这已不是传统“信天游”和民歌、小调、戏曲所反映的“食”之艰难和“爱”之痛苦，这个生存母题，是更大更深的涉及全民族存亡的大问题。所以，这就决定了新民歌、新音乐的眼界、内涵、精神气象、审美品格远高于传统民歌和传统器乐，有着更为重要的意义。爱情民歌中的情人、长工、麦客，变成了红军战士，“哥哥打仗妹在家，你当红军我劳动，革命成功再回家”。生活在底层的妇女，如今唱的是“死也要做红军的妻”“跟上共产党把革命闹”“剪发放脚人人爱”。其他反映生产劳动、革命斗争、文化学习、歌颂领袖的作品，也都反映了传统民歌创造者们生活的根本变化、在世状态的变化，遂给西部音乐带来了前所未有的新质、新气象、新精神。它的背景是革命，而它自身，则是自为、自觉的文艺认识论、价值论的产物[①]，而这是西部文化史上前无古人的事情。

三

延安革命文艺运动中的音乐创新，反映在改造旧形式、引进新形式、创造新品种诸方面。

---

①毛泽东《在延安文艺座谈会上的讲话 》中，关于文艺与生活关系的论述、文野之分的阐发、继承与借鉴关系的指明，均是对新文艺认识论的高度集中的概括。《讲话》中关于文武两支队伍，关于文艺打击敌人、教育人民的功能等，则是新文艺价值论的丰富内涵。

改造旧形式是最普遍有效的做法，原因是群众基础和战争环境。要发动人民，宣传革命，必得要用具有深厚群众基础的传统形式，促进革命内容的传播，入人心，移民俗；要发挥文艺的“武器”功能，适应艰苦、多变、简陋的条件，则不能不顾及战争环境下的一切可能。改造旧形式当然能更多、更快地出作品。其通常做法是旧曲填词、新编剧本、改变唱奏风格等，但都灌注了新的时代精神。如民歌《骑白马》改编为《东方红》，道情曲调改创为新民歌《天心顺》、民歌《绣荷包》变成了《打南沟岔》，传统信天游《你妈妈打你你给哥哥说》改创为《共产党领导游击队》，都是在传统音乐基础上的改造、利用、创新，民间各种锣鼓乐、吹打乐、社火秧歌乐在新词新唱新境界中，也获得了崭新的面貌。

引进新形式，主要是专业音乐工作者的成绩。当时有了相当水准的大合唱形式，代表作如《黄河大合唱》《凤凰涅槃》等。新歌剧，如《白毛女》，不唯当时轰动，其影响亦波及至今。再如队列歌曲、实用歌曲[①]、多声部民歌、各种西洋乐器的独奏和重奏，这都是当地传统音乐中从未有过的品种、形式，也能给黄土地上生活了多少辈的陕北人民以巨大影响。

创造新作品，不仅创造了一些新的音乐品种如秧歌剧，而且有极多成果，优秀作品不可胜计。如：《军民合作》（舒模词曲）、《保家乡》、《游击队歌》（贺绿汀曲）、《抗日军政大学校歌》（吕骥

①实用歌曲，指各种校歌、节日歌、游艺歌等。

曲）、《南泥湾》（马可曲）、《延安颂》、《八路军军歌》（郑律成曲）、《红五月》（麦新曲）、《有吃有穿》（张鲁曲）、《拥军花鼓》（安波曲）、《生产忙》（刘炽、解冰曲）、《妇女自由歌》（阮章竞填词）、《救亡进行曲》、《军队和老百姓》、《黄河大合唱》、《生产大合唱》《牺盟大合唱》（冼星海曲）……新歌剧方面，有《兰花花》《农村曲》《军民进行曲》《异国之秋》《白毛女》等；秧歌剧《牛永贵挂彩》《兄妹开荒》；新评剧《逼上梁山》；新秦腔《血泪仇》；新社火《夫妻开荒》《黑牛耕地》；新秧歌《变工好》《女状元》《组织起来》《减租》等。

四

从文化史视野和文化生成力方面来看，延安革命文艺的成就是与当时开放的文化条件分不开的，更与本地历史久远的传统音乐文化基础相关，正是地域文化因子与外来文化因子、传统文化根基与现代文化血液的相互渗透、影响、融合，中国的实际国情与马列主义原则的生动结合，带来了延安革命文艺在演出、创作、研究、理论方面相对于西部文化史、陕北文化史来说从未有过的鲜活、开阔和昂扬而深刻的时期。

从历史传统看，陕北是一个“商徵乱而加暴”，即商—徵调式最为发达的地区[①]，夯歌、号子、小戏、民歌、戏曲、器乐曲等，商—徵调式最多。同时，虽然五声音阶极多，但又有其他地方不多见的七声乃至八声、九声音阶调式，清角、变宫、闰以及↑4和↓7音的运用等，证明这是古代音乐孑遗最多的地区之一[②]，陕西发达的民间音乐与极古之燕乐音阶有血脉一系的关系[③]。今天陕北民间甚为活跃、多姿多彩的民间音乐活动如自乐班子、小戏、道情、社火、庙会和著名的信天游等，也说明这里深厚的音乐文化传统是如何强烈地存在着。总之，陕北民间音乐可能是相当古远的原始音调的后裔，是中国传统文化血脉一系的后代，因此，它在延安革命文艺的创造中，起着基础的文化因子甚至是母体因子的作用。

从现实方面看，革命战争使大批文艺家从四面八方汇聚延安，国内有沪、杭、京、冀、陕、陇、川、贵、鄂、湘、鲁、皖等地的著名作家、诗人、画家、音乐家乃至内蒙古、新疆的少数民族文艺家入陕驻足；国外，有留苏、留法、留日、留美的文化人向

①参见牛龙菲《古乐发隐（嘉峪关魏晋墓室砖画乐器考证新一版）》，甘肃人民出版社1985年版。

②本采在《旋律史》中谈道："五声音阶体系……是人类最早期文明的全球性遗产。就文化史而言……作为乐音体系，它保存了原始社会、或全球公认的中心动力的痕迹。"[匈]萨波奇·本采：《旋律史》，司徒幼文译，人民音乐出版社1983年版，第13—14页。

③参见冯文慈《汉族音阶调式的历史记载和当前实际——维护音阶调式思维的传统特点》，《中央音乐学院学报》1981年第3期。

心归来，活跃于延安文坛艺苑，发挥着文化因子携带者的作用。他们把苏联的音乐、戏剧、小说、电影，德国的版画、哲学、诗歌，法国毕加索的抽象绘画、音乐院的复调技术、莫里哀的戏剧以及美国的现代剧作，带到了近现代在文艺史、文化史上已趋没落的原本闭塞的延安，加上从国内各地传进圣地的不同风格、不同流派、不同文化色彩的文艺，这些，当然把相异文化因子播撒于黄土高原，从而发生着与异质文化的交流融合。延安文艺宏爽朗健的新风，就是在这样一种革命大背景造成的旧秩序崩溃、延安小环境民主开放的文化条件下取得的。不断的月音乐会、星期音乐会，西洋作曲法、歌唱法的教和学，大批的文艺作品演出、出版，各种文艺节日（戏剧节、诗人节、音乐节……），各种社团研讨创作活动等，证明当时的文艺环境是开明的、开放的、健康的、民主的。

概言之，延安革命文艺是一个西部文化史上少有的发展期，是一场有实绩的文化运动，正是在这里，我们发现人们津津乐道的西部古代文化史上某个时期的“三开精神”——开拓、开放、开明，又被革命激活了！正是革命，为西部音乐，也为整个中国现代文化史上的文艺灌注了新质！

今天，我们处在一个即将跨入新世纪的意义深远的历史新时期，学习和研究延安革命文艺，总结和实践它的经验，并深入理解改革开放中的当代文艺环境，是十分必要的。我们应该扎根传统、执着现在、放眼未来，以历史责任感和巨大的创造力，去努力实现“雄汉大唐”的理想！而这，必须要有一条正确的马克思主义文艺路线，一个和谐健康的文化创造环境，一种踏踏实实的精神！

[原载《交响（西安音乐学院学报）》1992年第2期]

紧扣时代脉搏　谱写壮丽华章

——纪念毛泽东同志《在延安文艺座谈会上的讲话》发表80周年暨新时代音乐创作座谈会发言

吕　品

时间如白驹过隙，毛泽东同志《在延安文艺座谈会上的讲话》发表至今已经过去80年。80年前，在《讲话》精神的感召下，延安文艺工作者坚守文艺为人民大众、为工农兵服务的方向，开展规模宏大的群众性文艺活动，涌现出一批批顺应时代需要、深受工农兵群众喜爱的经典抗战文艺作品。经过80年的历史变迁与时代风云变幻，毛泽东同志《在延安文艺座谈会上的讲话》依然闪耀着烁烁的真理之光，指引着中国革命文艺的前进方向。真理总有穿越时空的力量，时隔72年后的2014年，习近平总书记在文艺工作座谈会上的重要讲话发表，深刻阐述了文学艺术工作的地位和使命，为新时代文学艺术的繁荣发展锚定了航向。文艺创作如何跟随新时代的发展脚步，从讲话中领悟精神、发掘动能、凝聚力量、焕发生机，创作出无愧于时代、让人民群众喜爱的高品质文艺作品，是每个音乐工作者应该思考的课题。笔者结合当前音乐创作谈三个方面的问题。

一、把握好继承与创新的关系

艺术发展的过程是一个推陈出新、除旧布新的过程。继承是取舍，创新是扬弃；创新是目的，继承是手段；继承是基础，创新是发展；没有继承，就没有创新。创新既要有超越的勇气，又需要超越的底气和超越的智慧。在音乐艺术的发展过程中，继承和创新无时无刻不紧密联系在一起。其中既有内在结构的继承，又有外在形式的继承。既有审美观念的继承，又有社会意识形态的继承。前代音乐艺术对后代音乐艺术，是一种历史存在和先天条件，后代音乐艺术必然在前代已有的基础上不断发展。音乐艺术的历史继承性，体现在对中华民族音乐艺术遗产的吸收和接受，以及对外来文化和其他国家、民族先进文化和音乐艺术遗产的接纳上。只有继承没有创新，必定会随着时代的进步而被淘汰。当一个民族的艺术没有创新力的时候，那就说明这个民族所代表的体现民族精神内涵的文化体系在消失殆尽。

关于继承和创造的关系问题，毛泽东同志《在延安文艺座谈会上的讲话》指出："我们必须继承一切优秀的文学艺术遗产，批判地吸收其中一切有益的东西，作为我们从此时此地的人民生活中的文学艺术原料创造作品时候的借鉴……但是继承和借鉴决不可以变成替代自己的创造，这是决不能替代的。"习近平总书记

《在文艺工作座谈会上的讲话》强调："传承中华文化，绝不是简单复古，也不是盲目排外，而是古为今用、洋为中用，辩证取舍、推陈出新，摒弃消极因素，继承积极思想，'以古人之规矩，开自己之生面'，实现中华文化的创造性转化和创新性发展。"

我国民间文艺历史悠久，源远流长。高度重视继承发展民间文艺，是党在各个历史发展阶段中逐渐形成的一个文化传统。这个文化传统的发端，就是延安时期的大规模民间文艺采风活动、新秧歌运动。延安时期，对民间音乐的采风活动极为盛行。1939年，以延安"鲁艺"音乐系学员为主体的民歌研究会成立，采集、整理、学习研究民间音乐。至1943年年初，搜集整理陕西、内蒙古、绥远、山西、河北、江南民歌2000余首，出版了《陕北民歌集》《绥远民歌集》。之后的几十年间，他们走到哪里，民歌、戏曲音乐、民间器乐曲的采集工作就做到哪里。20世纪70年代末至80年代初期的数年间，形成了编撰10部文艺集成志书的系统工程。1979年，中国音乐家协会联合文化部、国家民委首先发起编纂《中国民间歌曲集成》《中国民族民间器乐曲集成》《中国戏曲音乐集成》《中国曲艺音乐集成》四部，其中前三部集成的全国总编委会及编辑部都设在中国音协。从时间上看，吕骥、周巍峙、李凌、孙慎领导的四部《集成》早于1983年召开落实中央精神的全国艺术学科规划座谈会（1982年，中共中央转发关于《全国哲学社会科学座谈会纪要》的通知）。座谈会后，全国哲学社会科学规划领导小组将先行启动以及之后陆续启动的共10部文艺集成志书工作纳入规划。10部文艺集成志书共计出版298卷，内容由图片、图表、谱曲、文字等构成，文字部分总计约有4.5亿字。“从乡镇文化馆（站）、市县编辑部、省卷编辑部到全国总编辑部……仅在省（市）一级就有300个编辑部展开工作。”[①] 其涉及范围之广，动员力量之大，搜集整理时间跨度之长，都是世所罕见的。

从1939年民歌研究会开始民间音乐采集整理工作，到20世纪90年代三部音乐集成志书各省卷陆续结集出版，吕骥等领导的这项工作时间跨度长达50年之久，三大《集成》成为我国音乐发展的不竭宝库和牢固基石。吕骥在谈到延安的民间音乐研究与音乐创作的关系时曾说，中国民间音乐研究会的采集、整理、研究工作，与1943年以来的新秧歌运动，与新歌剧《白毛女》的产生是分不开的。“如果没有自1938年开始并逐渐深入的对民间音乐的研究，1943年的秧歌运动就不可能在短时期获得那样光辉的成绩，《白毛女》也很难顺利地产生。反过来，在秧歌运动与《白毛女》的创作演出过程中，不断遇到新的问题，研究并且解决这些新的问题，就使原来的民间音乐研究工作得到了新的发展。这样的研究工作才是与实践密切联系的，才真正具有实际意义。”[②]

深入生活，向人民学习，在民间文艺和文化传统中汲取民族

① 李松：《文化保护 一脉相承——文艺集成志书工程与非物质文化遗产保护》，《中国非物质文化遗产》2021年第1期。

② 吕骥：《中国民间音乐研究提纲》，载《延安文艺丛书》编委会编《延安文艺丛书 第十五卷 民间文艺卷》，湖南文艺出版社1988年版，第403—404页。

性、地域性元素并加以改造创新，是陕西音乐艺术工作者的优良传统。1948 年关鹤岩创作歌曲《丢手绢》，1953 年李克义创作歌曲《高高太子山》，1958 年赵震霄、鲁日融创作《秦腔主题随想曲》，1964 年马倬创作歌曲《北京的金山上》，1971 年刘烽、李若冰、徐锁、关鹤岩、冯富宽等创作歌曲《山丹丹开花红艳艳》，20 世纪 70 年代，强增抗、周延甲创作《秦桑曲》，1982 年，安志顺创作打击乐曲《老虎磨牙》《鸭子拌嘴》，20 世纪 80 年代李石根记录整理“西安鼓乐”……这些艺术作品将陕北信天游、秦腔音乐等民间音乐遗产创造性改编、创新性发展，成为人民群众喜闻乐见、口口相传的经典旋律。当代作曲家赵季平的音乐创作深深根植于中华民族传统文化和民间文化。他曾跑遍关中、陕南、陕北，研究秦腔、碗碗腔、眉户、信天游等地方音乐曲式风格。他创造性地运用民族语言、民间音乐元素，将中国传统音乐元素与现代作曲技法融会贯通，来表现民族生活、民族心理和民族精神。在乐队编排中，往往通过汉唐礼乐、京剧民谣、古琴声效、胡琴板鼓的民族特色来展现东方神韵和中国风格。正是他对传统文化创新性的思考和表达，使传统通过一种新的方式为人们所熟知，感染观众，打动观众。十几年前，笔者陪同赵季平去陕南紫阳、镇巴采风。镇巴音乐工作者提出一个问题：“我们和紫阳一山之隔，民歌同宗同源，现在‘紫阳民歌’成了地理标识，我们的文化符号被抢走，怎么办?”赵季平回答：“争一个名称，不如争挖掘利用，你用好了才是你的。”其实这个故事的实质，讲的就是继承和创新的关系问题。使用了群众熟悉的语言，才会有好的群众接受度，才会获得持久的生命力。反之，离开继承的创新容易成为空中楼阁，最后落得孤芳自赏。

从保护和继承的角度看，10 部文艺集成志书可谓前无古人，后无来者；功在当代，利在千秋。现在的问题是 10 部文艺集成我们继承了多少？利用发展了多少？三部民间音乐集成我们又继承了多少？利用发展了多少？问题不出在保护，而是继承不够、利用不足、创新不足、发展不足。一部剧、一部乐曲、一首歌，最难的是创新，相对容易的是舞台美术。所以我们看到了很多大投入、大制作，一流的声光电、服化道，一部作品从一开始就是高潮，一路高亢到结尾最高潮，除了声响劲爆，看完、听完没留下印象，更谈不上感动。

习近平总书记《在中国文联十一大、中国作协十大开幕式上的讲话》中强调："博大精深的中华文明是中华民族独特的精神标识，是当代中国文艺的根基，也是文艺创新的宝藏。……要挖掘中华优秀传统文化的思想观念、人文精神、道德规范，把艺术创造力和中华文化价值融合起来，把中华美学精神和当代审美追求结合起来，激活中华文化生命力。……让中华优秀传统文化成为文艺创新的重要源泉。"① 文艺工作者应大力推动文化观念的创新、风格流派的创新、题材形式的发展，大力推动文化创新体系建设，提高文艺产品的传播力与感染力。音乐创作的根基是继承，民族文化内核才是创

① 习近平：《在中国文联十一大、中国作协十大开幕式上的讲话》，新华社，2021 年 12 月 14 日。

新的原动力，缺乏民族精神的音乐创作是无生命力的。从创作观念层面说，务必摈弃错误观念，避免落入过于追求西方作曲技法创新的窠臼。创作者应在加强民族民间音乐、戏曲音乐的感性经验积累和融合创新方面下苦功夫、下大气力，真正将中国风格、中国气派及其特有的音乐表达方式和技巧融化于心，变成自己的语言、肌肤和血肉。在创作中深入生活、精雕细刻，从中探索出一条基于传统而又超越传统、紧跟时代而又引领时代的新型音乐创新之路。

二、把握好大众化与艺术性的关系

毛泽东《在延安文艺座谈会上的讲话》要求："应当认真学习群众的语言。如果连群众的语言都有许多不懂，还讲什么文艺创造呢?"文艺作品的大众化和艺术性是有机统一的，大众化是它的属性，艺术性是它的品格，优秀作品来源于人民，服务于人民，它从群众中来，汲取了丰富的营养，经过提炼升华后又以优秀的艺术品格去回报大众，提升了层次，形成良性循环。

习近平总书记《在文艺工作座谈会上的讲话》指出："改革开放以来，我国文艺创作迎来了新的春天，产生了大量脍炙人口的优秀作品。同时，也不能否认，在文艺创作方面，也存在着有数量缺质量、有'高原'缺'高峰'的现象，存在着抄袭模仿、千篇一律的问题，存在着机械化生产、快餐式消费的问题。"[①] 其突出

① 习近平:《在文艺工作座谈会上的讲话》,《人民日报》2015 年 10 月 15 日。

症结是浮躁。“一些人觉得，为一部作品反复打磨，不能及时兑换成实用价值，或者说不能及时兑换成人民币，不值得，也不划算。”[①]“人类文艺发展史表明，急功近利，竭泽而渔，粗制滥造，不仅是对文艺的一种伤害，也是对社会精神生活的一种伤害。低俗不是通俗，欲望不代表希望，单纯感官娱乐不等于精神快乐。”[②]

最近有一些庸俗化甚至是异化的陕北新民歌在一些社交平台上被高频次播放，歌词尤其直白、低俗，和传统意义上的艺术手法相去甚远。经典陕北民歌如“上河里的鸭子下河里的鹅，一对对毛眼眼照哥哥”(《叫一声哥哥你快回来》）的真挚、热烈；“东方红，太阳升，中国出了个毛泽东”(《东方红》）中“红日初升、光照大地”的意象……传统民歌的比兴是回味无穷的，它是其艺术价值所在。现代社会音乐作品的创作、流通成本较低，随着科技的发展、传播方式的多样化，人们接受信息的渠道更为多样和通畅，在社交软件上已经是人人创作、全民歌唱。但是这些作品是否可以称为艺术，就要打一个大大的问号了。我们习惯讲三位农民——李有源与《东方红》、汪庭友与《绣金匾》、孙万福与《咱们的领袖毛泽东》的创作佳话，但往往很少讲安波将《十绣金匾》精练为“三绣”的提升改造；很少讲贺敬之对《咱们的领袖毛泽东》的润色修改过程；很少讲刘炽、王大化等人将《移民歌》改编为三段词并署名《东方红》在沈阳公演的流传过程；很少讲

① 习近平：《在文艺工作座谈会上的讲话》，《人民日报》2015年10月15日。

② 习近平：《在文艺工作座谈会上的讲话》，《人民日报》2015年10月15日。

延安“鲁艺”从延安到东北一路走一路唱的二次创作定型过程。容易让人只看到农民诗人、农民歌者的光环，而忽视作者本人和二度创作者精益求精、千锤百炼的反复打磨过程。这几首民歌是在毛泽东《在延安文艺座谈会上的讲话》精神指引下创作的，具有鲜明民族化、大众化风格的深受群众喜爱的作品，尤其是创作者的农民歌手身份，使得这几首民歌尤其显得质朴淳厚、真实形象、率直明快、感情浓烈。周扬评价孙万福的诗是“真正老百姓的诗”“他的歌颂和赞扬，不是抽象的、空洞的”[①]。其来源于底层人民群众、滋养于丰厚的民族沃土，艺术性不仅没有降低，反而因艺术工作者的广泛参与，在形式和内容上不断提升，最终流传为经典，也使陕北民歌享誉全国。

通俗化、大众化易于普遍接受，但并不等于降低艺术标准，不等于庸俗化。要坚守文学艺术产品对大众的引领和教育作用，要防止以市场需求为王、以读者需要为主导，随波逐流，陷入庸俗、低俗和媚俗的低级趣味之中。随着我国经济社会不断发展进步，国民受教育程度和整体素养的不断提升，对大众的精神文化生活层次的引领需要不断突破，高雅艺术进入寻常百姓家不再高不可及，人民群众呼唤艺术精品，呼唤有思想、有深度、有高层次审美体验的唯美之作。大众化和艺术性并行不悖，多层次、多种类的文艺作品才

---

①周扬：《一位不识字的劳动诗人——孙万福》，载甘肃省社会科学院历史研究室编《陕甘宁革命根据地史料选辑》（第五辑），甘肃人民出版社 1986 年版，第 218 页。

能满足人民群众多样化的精神文化需求，既不排斥、不压抑、不扭曲、不肢解文艺审美中的娱乐消遣功能，又要重视引领优雅与崇高、鼓舞与激励、领悟与参透等高层次审美体验。大众化的作品不经过艺术加工，就难免陷入庸俗、低俗的泥沼。有流量的作品不一定能流传和沉淀，沉淀和流传的作品一定有流量，而且是有高流量的。传唱度高的大众化作品不一定是经久流传的，流传下来的经典艺术作品，一定是传唱度较高的，为大众所广泛接受的；优秀的音乐作品既能叫得响、传得开，还能传得久、留得住。

三、把握好人民性与时代性的关系

文艺事业强调人民性是我党一贯坚持的方针。人民是文艺创作的源头，为人民创作、为人民立言、为人民代言应是一切文艺工作者的根本任务。毛泽东同志《在延安文艺座谈会上的讲话》中给予最大关注并首先加以阐释的，是文艺为群众以及如何为群众这个根本问题。“为什么人的问题，是一个根本的问题，原则的问题”，我们的文学艺术“首先是为工农兵的，为工农兵而创作，为工农兵所利用的”。延安时期抗战文艺的人民性内涵主要包括文艺反映以工农兵为主体的人民大众的日常心理、生活图景，以及力求动员人民大众积极抗战的时代价值取向。为抗战服务，动员群众、凝聚民心，鼓舞人民大众积极抗战的文学艺术，其本质就是紧扣时代脉搏，顺应时代潮流，弘扬时代精神的革命文艺。

习近平总书记《在文艺工作座谈会上的讲话》指出："文艺是时代前进的号角，最能代表一个时代的风貌，最能引领一个时代的风气。"[①] "中华民族有着强大的文化创造力。每到重大历史关头，文化都能感国运之变化、立时代之潮头、发时代之先声，为亿万人民、为伟大祖国鼓与呼。"[②] "社会主义文艺，从本质上讲，就是人民的文艺。"[③] 艺术"源于人民、为了人民、属于人民"[④]。人民性命题随着所处的历史语境虽然发生着变化，发挥着不同的政治功能，但是最终的指向性却是一脉相承的，即能否借助文艺作品激发出人民的创造性力量，能否发掘人民群众中的美好人性和道德力量，能否消除积聚在人民中间的负能量并给予希望和理想。这是检验文艺家称职与否的重要标准之一，也是评判文艺作品优劣的一道重要分水岭。

人民性和时代性是统一的整体。人民是新时代的主体，坚持以人民为中心是新时代坚持和发展中国特色社会主义的基本方略。"文艺只有植根现实生活、紧跟时代潮流，才能发展繁荣；只有顺应人民意愿、反映人民关切，才能充满活力。"[⑤] 人民群众既是文艺的主人公，又是文艺的接受者；既是文艺的启蒙对象，又是文艺的服务对象。优秀的文艺作品，向来都是见人见物见精神、见

---

①习近平：《在文艺工作座谈会上的讲话》，《人民日报》2015年10月15日。

②习近平：《在文艺工作座谈会上的讲话》，《人民日报》2015年10月15日。

③习近平：《在文艺工作座谈会上的讲话》，《人民日报》2015年10月15日。

④习近平：《在中国文联十一大、中国作协十大开幕式上的讲话》，新华社，2021年12月14日。

⑤习近平：《在文艺工作座谈会上的讲话》，《人民日报》2015年10月15日。

家见国见时代。小情小调拼凑不出大文章，脱离人民更不可能创造出叫好叫座的作品。无论是延安时期的《东方红》，还是新中国成立初期的《社会主义好》，到改革开放后的《在希望的田野上》《走进新时代》等一系列脍炙人口、广为传唱的优秀歌曲，无一不体现出浓浓的时代特征。《黄河大合唱》传唱了几十年，歌曲既有黄河歌谣的古典性，又有河边对唱的群众性，从延安窑洞传遍全国，激励了无数中国人奋起抗争、保家卫国。在战争年代，"一曲大合唱，可顶十万毛瑟枪"。在和平年代，它又成为穿越时代、凝聚人心的文化符号。人民性与时代性的统一赋予了歌曲极强的生命力。

在新时代的历史背景下，人民群众的精神文化需求和审美需求呈现出多层次、多样化的新特点。新时代的音乐创作者要顺应时代潮流，为时代发声，为时代画像，以对时代高度的敏感和责任，不断挖掘和拓展音乐文化新内涵，扩大音乐艺术的影响力，构建音乐创作高质量发展的新格局，开创音乐创作繁荣发展的新局面。新时代音乐家和音乐工作者只有真正深入人民群众中去，感知人民群众的冷暖，融入人民群众的生活，汲取人民群众的营养，学习人民群众的品质，在人民群众中体悟生活本质，在人民群众中吃透生活底蕴，才能创作出更多体现时代风貌、有高度、有深度、有温度的音乐作品，才能创作出更多无愧于时代、无愧于人民、无愧于民族的优秀音乐作品。

[原载《交响（西安音乐学院学报）》2022 年第 2 期]

以延安文艺方向确立历史方位　构建新时代中国文艺治理知识体系

王　刚

在新的历史条件下，我们重温《在延安文艺座谈会上的讲话》（以下简称《讲话》）精神，再次阐释和认知延安文艺所蕴含的科学性、真理性和历史性，除了情感共鸣、历史还原之外，还应做出知识体系构建方面的学理探寻，进而“话语征用”，在“强制阐释”中体现理论创新和方法创新，用《讲话》所蕴含的知识逻辑和文化自信回答“时代之问”，即在全面推进党领导的伟大工程和迎接“百年未有之大变局”的历史挑战时，寻求党的文艺、人民的文艺的历史方位、价值坐标和治理路径。

习近平总书记在中国人民大学考察时的讲话指出：“要坚持把马克思主义基本原理同中国具体实际相结合、同中华优秀传统文化相结合，立足中华民族伟大复兴战略全局和世界百年未有之大变局，不断推进马克思主义中国化时代化。加快构建中国特色哲学社会科学，归根结底是建构中国自主的知识体系。要以中国为观照、以时代为观照，立足中国实际，解决中国问题，不断推动中华优秀传统文化创造性转化、创新性发展，不断推进知识创新、理论创新、方法创新……哲学社会科学工作者要做到方向明、主义真、学问高、德行正，自觉以回答中国之问、世界之问、人民之问、时代之问为学术己任，以彰显中国之路、中国之治、中国之理为思想追求。”①

学习习近平总书记重要讲话，并回望毛泽东同志《讲话》，其中一脉相承的是党对文艺工作高度重视、对文艺治理领导制度和知识体系的自觉建构的“初心、使命”。两代领袖以马克思主义基本原理中国化、时代化为遵循，秉持了中国共产党解放思想、实事求是的思想路线，把党对文艺工作领导、对社会文化治理的根本原则、系统方法、价值取向和具体策略贯穿在中国化的革命与建设的伟大进程之中，凝聚了党的集体智慧和实践经验。

当前，我们尤其要思考的两个着力点是：其一，如何通过“两个讲话”精神的深化学习来统一文艺战线、艺术教育战线的主体思想？其二，如何用讲话精神准确回答新时代中国的“美育之问”“艺教之问”“（文艺）治理之问”？

一是以《讲话》反思新时代文艺治理知识体系的构建，既是体现“中国之治”的“文化自信”的应有之义，也是坚决捍卫、自觉践行“两个确立”的新的历史方位的时代要求。

坚定文化自信，是新时代走好中国特色社会主义新征程的历

①《坚持党的领导传承红色基因扎根中国大地　走出一条建设中国特色世界一流大学新路》，《人民日报》2022 年 4 月 26 日。

史底蕴。“文化自信是更基本、更深沉、更持久的力量。”“中国之治”是在历史实践中形成的、已经被验证了的科学、自主道路，是当代马克思主义真理的“在地化”实践，也是蕴涵了党的全面建设系统理论、观念、方法的多元体系。经由“中国之治”，我们党在百年革命与建设的伟大斗争、伟大实践中积淀、生成、凝聚出深厚的文化自信。纵观党的百年历史，两个《讲话》既是里程碑，又是“重大事件”，由《讲话》及其引领的政党文艺治理，兼具战略性与策略性，都是在回答不同历史时期的“时代之问”和“历史之问”，是党的自我革命的生动实践。

延安文艺的方向与经验，对应着马克思主义中国化的时代成果——毛泽东思想确立的历史方位，回答了抗日民族救亡和新民主主义革命时期中国共产党统领文艺战线、动员启蒙抗日民众的“时代之问”。新时代政党文艺治理的系列实践，对应着“两个确立”逐步形成、习近平新时代中国特色社会主义思想成为全党指导思想的历史方位，回答了中国式现代化进程中如何适应“百年未有之大变局”、为中华民族伟大复兴积聚磅礴力量、为全体人民走向美好生活提供精神支撑的“时代之问和人民之问”，各自的知识逻辑和价值取向十分明确。同时，两个《讲话》继承和创新着党从局部执政到全面领导、从独立自主到独领风骚的伟大实践，为马克思主义文艺理论和美育观应用于中国语境和中国问题提供了具有“事件思想史”特征的典范。从文艺的本体论、功用论、发展论、主体论、价值论，到人民性、时代性、民族性、系统观、治理观，其呈现的知识体系特征愈加明显，而且顺应了不同时代人民大众的新期待，激发了文艺知识分子群体的新动力，为民族文艺形式由他律走向自治、由自在走向自为、由党的“具体化地方化实践策略”走向党的“内在话语系统”，做出了博大精深的自主性建构。

二是两个《讲话》所开启和重构的“延安文艺”方向，集中体现了党领导中国文艺、系统性推进马克思主义文化治理中国化的实践特色与理论创新。

习近平总书记多次指出，“延安精神培育了一代代中国共产党人，是我们党的宝贵精神财富”[①]。以“坚定正确的政治方向，解放思想、实事求是的思想路线，全心全意为人民服务的根本宗旨，自力更生、艰苦奋斗的创业精神”为核心内容的延安精神，是贯穿中国共产党领导中国人民进行革命、建设和改革百年历史的精神谱系的重要组成部分。就延安文艺而言，无论是其所蕴含的“中国化文艺治理话语知识体系”特征，还是延安精神在地化的具体符号象征，都成为渗入中国式现代化进程中“情感政治”的深层结构模式。从马克思主义文化唯物主义视域看，这是一种具有“情感民族志”特质的地方化知识，镌刻着百年党史的艰辛印记，也是经典马克思主义美学人民性、党性观念的创新性实践。当前，我们应在新时代人民文艺的全新视域下反思其经验传统。

①《延安精神永放光芒》，《人民日报》2021 年 8 月 3 日。

重审延安时期党领导下的文艺治理实践的中国化、时代化经验，有助于重构延安文艺方向与经验的当代阐释视域和话语表意体系，据此，持续建构具有中国特色的当代马克思主义政党文艺治理知识体系。无论是延安文艺经典与民族先锋性、现代性或悲剧观念的“情感结构”的互文符号关系，还是以“鲁艺”教育模式建构民族“审美共同体”、彰显特定时代的审美共通性的文化再生产路径，其内在逻辑阐明了党在探索“中国之治”、推进马克思主义中国化进程中坚守民族性和人民性立场，以文艺政策、文艺制度规约下的全民美育思想观念与文化实践体系建构的知识路径。延安文艺“以党率先、以统促战、以文化俗、以美育人、以艺载道”的生动历史实践和人文成果，借助马克思主义美学观、历史观和群众观，巧妙、自洽地融通于民族化、本土化、时代化的革命文艺实践，生成了中国作风、中国气派的美育模式与效应。同时，就马克思主义文艺治理的“地方化”知识体系建构而言，“延安文艺方向”所蕴含的场域“气氛美学/时代共情”表意实践、“朴素与崇高”审美风格、文艺普及与提高价值导向、文艺统一战线与文艺的民主性问题、民族形式改造和民间文艺开掘规律、文艺创作与文艺批评关系、知识分子改造与艺术家主体精神、现实主义与浪漫主义相结合的创作方法、文艺的召唤与中介功能等一系列理论思考与实践创新，也成为党领导下的文艺治理知识体系化构建的重要内容，需要深刻挖掘。

置身于新时代，面对消费文化和多元价值观的影响，如何加强公共艺术教育和全民美育的时代命题，如何扬弃以“鲁艺经验”为代表的民族化美育路径、用党的美育思想引领主流审美和大众审美，不断满足人民群众文化精神需求多元化、不平衡的“内需扩大、供给和需求侧双向改革”之需，具有重大命题性和现实针对性。需要借助对延安经验的重新阐释，揭示出延安时期中国共产党领导下的美育实践规律，更加注重贴近新时代中国文化建设的前进方向和现实语境，总结延安文艺治理经验、探索反观当下实践，研究如何将延安文艺治理经验的实践范式与贯彻落实党在新时代的文艺政策、文艺治理策略相结合，形塑出一条契合新时代文化语境和大众审美需求的政党文化治理、公共审美教育接受图式与建设路径。

三是在“长时段、系统观”中确立我党文艺治理的正确历史观和方法论，坚定追求新时代中国文艺发展与时代、人民的同心同向。

文艺“为什么人”始终是关乎延安文艺治理方向的根本问题，也是两个《讲话》的思想精髓。从延安时期到新时代，中国文艺如何契合中国革命与建设实际、怎样扎根于中国大地，是政党文艺治理所要遵循的基本点。延安文艺成于“坚持党的领导、坚持立足本来、坚持联系群众”，党在意识形态领域成功的艺术与美育实践，关键在于始终抓住了文艺、文化工作的领导权，把美育实践融入政治动员和文化建设的总体设计，立足民族情感结构和审美心理的“心体”结构，做出了贴近大众、为人们所喜闻乐见的艺术形式创造。这一规律，是历史与美学、理性与党性、马克思主义人学观与文艺观的有机统一，当下更需要重新阐释，以便应用于新时代的美育实践，生发出现实成果。我们应以延安文艺经验的文化阐释和规律探寻为主，研究党的文化治理和美育思想在政党治理、学校教育和公共文化领域的历史形成、实践探索和现实启示。思考在党的文艺指导思想的指引下，艺术教育如何贯彻马克思主义美学观和民族美育精神，在时代化、地方化、大众化的美育实践中形成独特经验和文化品格，如何适应党的“自我革命”的内在需求。

这就要求我们从习近平新时代中国特色社会主义思想中汲取方法论，保持系统观和辩证思维，形成“党的文化领导、文艺治理的整体性思维”。以党的百年历史的“长时段”结构来审视中国共产党的文艺治理进程，“延安文艺”作为“党的文艺治理思想知识谱系”中的鲜明标识、关键环节，是马克思主义中国化不断深化的道路自信、制度自信、文化自信的集中体现，其道路是一条由中国共产党领导和推动，历经五四新文化运动、左翼文艺，直到延安时期在伟大斗争中理论与实践逐步趋于成熟的曲折之路，也是一条把党的文艺思想主张与体制化、大众化教育实际密切结合之路；延安文艺作为现代中国文艺史上影响意义深远、艺术价值突出、美育实践成就非凡的重要文艺现象和高等教育构型的标识，以最具典范性的文艺创造，构成了党的文化建设理论中服务党建需求、强化美育实践的文化符号和精神坐标。

基于此，我们需要从“中国共产党文艺治理、美育思想史知识谱系”的高度，提出重新构建以马克思主义美学观和文艺理论为主导、以中华民族优秀传统文化和美育精神为内核、以新时代人民性大众化美育实践为应用的党的文艺美育知识体系。基于延安时期文艺经验的反思性研究，坚持以习近平新时代中国特色社会主义思想和党的文艺制度为指导，注重创新马克思主义美学观和传承民族美育精神相统一，立足群众教育提升和政治文化建构的着力点，积淀学校教育和公共教育两翼并行的美育经验。结合新时代美育需求，传承“鲁艺经验”，致力于探索党的美育理论与实践的当代路径和体系化建构，从而形成文艺制度和治理视角、审美意识形态和民族话语维度并重的全民美育新格局、新境界。

（原载《音乐天地》2022 年第 6 期）

重读《讲话》感受恒久的思想力量

杨和平

80年前的5月，毛泽东亲自主持召开了延安文艺座谈会，并发表了《在延安文艺座谈会上的讲话》(以下简称《讲话》)。实践证明,《讲话》成为80年来中国社会主义文艺建设的理论基石，确立了80年来中国社会主义文艺的发展方向，彰显了80年来中国社会主义文艺取得巨大成就的思想力量。重读《讲话》对于坚定文化自信，实现文化自强、增强文化自觉、推动文艺创作等，不仅具有深刻的理论意义，而且也具有重要的时代价值。重读《讲话》，对于这篇马克思文艺理论与中国革命文艺实践相结合的经典文献，我们仍然能够强烈地感受到《讲话》闪烁着恒久的思想光芒和精神力量。重读《讲话》，笔者认为毛泽东旗帜鲜明地提出“我们的文学艺术都是为人民大众的，首先是为工农兵的，为工农兵而创作，为工农兵所利用的”，是我们党首次明确提出“文艺为工农兵服务”的方针。正是“文艺为工农兵服务”的方针，成为80年来我们党制定一系列文艺政策的依据，并产生深远影响，显现出中国社会主义文艺人民性和大众性的特征。重读《讲话》，笔者认为，毛泽东提出的“我们的提高，是在普及基础上的提高；我们的普及，是在提高指导下的普及”，为此后中国社会主义文艺创作与理论研究指明了方向。基于《讲话》中“文艺为工农兵服务”和“普及与提高”的核心命题，结合当下我国非遗保护传承与民族器乐创作两个视角，谈谈《讲话》所展现出的恒久的思想力量。

一、非遗保护传承也要“为工农兵服务”

《讲话》恒久的思想力量，一直推动着中国社会主义文艺的发展而彰显其深邃的、强大的精神动力，这种强大的精神动力体现在当下非遗保护传承的过程中。从概念的使用上来说，据有人考证，“非遗”是近年来大众使用率最高的概念之一；从大众生活的角度看，可以说我国已经形成了“无处不非遗”的壮观景象。仅就陕西非遗而言，世界非遗有 3 项，国家级 87 项，省级 674 项，市级 1998 项，县级 5249 项，形成了中国非遗“国家、省、市、县（区）”完整的四级传承保护体系以及相应的非遗传承人体系，这充分表达了党和国家重视中国优秀传统文化保护与发展的决心，充分反映了《讲话》中“文艺为工农兵服务”方针的现实表达。

截至 2021 年 2 月，中国入选联合国教科文组织非物质文化遗产名录（名册）的项目有 42 项；建立了 100 个国家级非物质文化遗产生产性保护示范基地（第一批 49 个，2011 年；第二批 51

个，2014年）；公布了四批国家级非物质文化遗产代表性项目共计1372个，包括3154个子项；公布了五批国家级非物质文化遗产代表性项目代表性传承人，共计3068人。

以浙江省非遗表演类项目传承与保护为例，经过近20年的持续努力，在浙江省委、省政府和各级部门的关心支持下，浙江省表演类项目保护传承遵循世界和国家非遗政策导向，与其他省市相比突出了“浙江特色”，形成了“浙江经验”，这些经验形成就是《讲话》中“为工农兵服务”方针的具体展现。

第一，浙江省作为全国非物质文化遗产保护综合试点，非遗普查启动早、规模大、方法新、措施实、成果丰。浙江省共普查线索271.9万条、普查项目15万余项。其中，传统音乐类3737项、传统舞蹈类1927项、传统戏剧类878项、戏曲曲艺类1345项等。浙江省非遗被联合国教科文组织列入人类非物质文化遗产代表作名录的有10项，入选国家级非遗名录表演类项目的有84项，国家级非遗表演类代表性传承人98人，居全国首位。

第二，颁布实施系列政策文件，明确了各级部门的职责和义务，为浙江省表演类项目保护提供了较为完备的政策保障体系。辩证处理好保护与经营、保护与开发的关系。浙江省非遗保护实行保护与开发并举、分别实施的策略。区别对待传承人的传承和开发商的开发。

第三，浙江省加大资金投入，形成了以“政府为主导、社会广泛参与”的非遗保护协同推进机制。建立了县级以上综合非遗馆127座，年访问人数超过1150万人；县级以上专题非遗馆276座，年访问人数2270万人；还有乡镇级、村级非遗展示馆（场所）1026座。此外，先后命名了高校非遗研究基地、宣传基地、节日保护基地、教学基地等一系列非遗保护基地。

浙江省非遗保护传承实现历史与现代的“视野融合”。既以历史的视角看待非遗，又站在时代的高度发掘其中的优秀成分进行“创造性转化和创新性发展”以发掘、培养传承人，使非遗更好地服务当代社会。让广大人民群众享受到非遗保护传承带来的精神和物质上的满足，践行和落实了《讲话》中“为工农兵服务”的思想内核和要求。

二、民族器乐创作也要“普及与提高”

通过对新中国成立以来民族器乐创作文献的搜集整理与分析，并将其分为四个时期，由此展现《讲话》对民族器乐创作“普及与提高”的影响作用。

（一）新中国成立后“十七年”民族器乐创作

新中国成立后“十七年”是中国民族器乐创作承上启下的重要阶段。随着文艺院团、音乐院校、音乐机构的组建，民族器乐创作在古代、近代创作经验的基础上，呈现出体裁不断丰富、理论研究逐步深入的可喜局面。

从研究层面说，这一时期取得了可喜的成果。毛继增的《多创作一些民间器乐作品吧》、冯子存的《努力创作，表现我们社会主义的生活》、傅晶的《管乐合奏曲〈芦笙舞〉》、陆春龄的《党使我的艺术获得了生命》、刘季林的《应当重视民族器乐曲的创作》、谷音的《漫谈古筝曲“打雁”的改编》、一丁的《有关器乐曲创作的一点感想》等都是其中的代表。本时期的民族器乐理论研究，总结了成功经验，找出了存在的问题，并提出了有针对性的解决策略，民族器乐创作中普及与提高依然是中心，为后续民族器乐的创作发展提供了重要参照。

（二）“文革”时期的民族器乐创作

民族器乐创作在“文化大革命”时期受到很大冲击，作品数量与此前相比大幅下降。但也产生了一些代表性作品，如柳琴曲《幸福渠》（王惠然）、《怀乡曲》（王国潼），口笛曲《苗岭的早晨》（白诚仁）、筝曲《东海渔歌》（张燕）、《南海渔歌》（方智训）、《清江放排》（陈国权、丁伯苓），琵琶协奏曲《草原小姐妹》（吴祖强、刘德海、王燕樵），扬琴协奏曲《红河的春天》（刘希圣、李航涛），马头琴协奏曲《草原音诗》（辛沪光）等。本时期民族器乐创作中出现了柳琴、口笛等新品种，尤其是柳琴曲《幸福渠》的诞生，标志着柳琴作为独奏乐器登上舞台，丰富了民族器乐的独奏体裁；而《草原小姐妹》的问世则开创了琵琶协奏曲的创作先河，在体现《讲话》“普及与提高”的方面，也彰显了民族器乐作曲家的自觉追求。

（三）新时期民族器乐创作

改革开放新时期，民族器乐创作体裁不断开拓、技法不断丰富，形成了新时期中国民族器乐创作的壮丽景观。这个时期在广大民族器乐作曲家、演奏家的共同努力下，创作新的民族器乐作品 1000 余首。伴随着民族器乐作品的涌现，产生了一批民族器乐创作理论成果。代表成果 160 余篇，如《民族器乐概论》《民族器乐的体裁与形式》等著作以及《民族器乐演奏的新形式——介绍胡登跳的几首丝弦五重奏曲》《传统民族器乐的旋律发展手法》《小型民族器乐曲创作的继承与创新》《浅谈谭盾民族器乐作品的创作手法》《论刘文金的民族器乐创作》《民族器乐曲旋律及其创作》等文章。

经分析发现，本时期民族器乐的学术关注度在 1979—1999 年处于热门阶段，众多学者对该领域做出了研究，他们从不同的侧面探讨了民族器乐创作的历史、现状、技法、思想、形态等，不仅是对本时期民族器乐创作特征和贡献的系统总结，而且为 21 世纪民族器乐创作研究做了前瞻性和创新性的探索。在践行《讲话》“普及与提高”思想上，做出了突出的成果。

（四）21 世纪民族器乐创作

21 世纪以来，民族器乐创作在承继前代创作的基础上，不断拓宽创作体裁、更新创作技法、深化理论研究，将民族器乐推向了新的高度。产生了刘锡津的《北方民族生活素描》、顾冠仁的《倒垂帘》、彭修文的《流水操》、刘文金的《长城随想》、阎惠昌的《水之声》、陈其钢的《三笑》、杨青的《秋之韵》、瞿小松的《Mong Dong》、郭文景的《竹枝词》、陈怡的《点》、唐建平的《春秋》《八阕》《心雨》、杨立青的《引子、吟腔与快板》、谭盾的《南乡子》、张大龙的《堡子梦》、赵季平的《华夏之根》、胡登跳的《节日的夜晚》等代表作品。

本时期民族器乐创作的理论研究也取得新进展，代表学术成果约 250 篇。这些成果对民族器乐创作的民族化问题进行了较深入的阐释；为准确把握民族器乐创作的风格特征和创作理念提供了理论指导，也对民族器乐的创作实践起到了推波助澜的作用。

我们可以洞见：民族器乐理论研究在 21 世纪保持平稳状态，民族器乐创作在继承前代创作的基础上，不断拓宽创作体裁、不断创新创作技法、不断深化理论研究，将民族器乐创作和理论研究推向了新的高度。实现了《讲话》“普及与提高”的思想内涵，既达到了民族器乐创作艺术性和思想性的高度统一，又实现了群众喜闻乐见、普及与提高的创作要求。

三、结　语

重读《讲话》，笔者认为无论是从非遗保护传承的角度说，还是从新中国成立以来的民族器乐创作看，都要继承和弘扬《讲话》精神，将“为工农兵服务”的思想根本和文艺创作、表演、欣赏、教育等高度结合，密切关注“普及与提高”的问题，并加以重视。以人民性为核心关键词，使“源于人民，服务人民”成为广大文艺工作者的共识。

重读《讲话》，笔者更加认识到，文艺对于一个国家、一个民族的文化使命，在把情感提升到深层文化境界方面，或许是最有力量的。文艺事业就是党和人民的重要事业，文艺战线就是党和人民的重要战线。

80年来的历史经验证明，《讲话》是马克思主义文艺理论中国化的典型创造，是马克思主义文艺理论同中国革命文艺实践相结合的创新性发展，是中国社会主义文艺创造性转化的理论基础。习近平总书记关于文艺工作的重要论述在新的历史条件下与《讲话》精神是一脉相承的，实现了中国化的马克思主义文艺观的新的飞跃。总体来说，《讲话》是党的文化自信和文化自觉的智慧结晶，始终闪耀着真理的光芒，照亮着中国社会主义文艺事业发展的正确方向。

［原载《交响（西安音乐学院学报）》2022年第2期］

论毛泽东《在延安文艺座谈会上的讲话》的现实意义*

史军胜

1942年5月，正值我国抗日战争进入艰苦的相持阶段，在敌人封锁、战事频繁的非常时期，党中央仍安排20多天时间召开文艺座谈会，毛泽东同志在调查研究的基础上，运用辩证唯物主义和历史唯物主义的立场、观点和方法，发表《在延安文艺座谈会上的讲话》(以下简称《讲话》)，指出无产阶级的文学艺术是无产阶级整个革命事业的一部分，他还风趣地说："我们有两支军队，一支是朱（德）总司令的，一支是鲁（迅）总司令的。"后来正式发表时改为"手里拿枪的军队"和"文化的军队"，足见我党对文艺事业的高度重视。《讲话》高屋建瓴地把马克思主义基本原理同中国革命的具体实际相结合，确定了党对文艺工作的基本方针，指明了文艺为什么人的问题是一个根本的问题、原则的问题，论述了文艺与人民、文艺与政治、文艺与生活、文艺与时代、继承

*该文编入本《文集》时有修改。

与创新、内容与形式、普及与提高、歌颂与暴露、世界观与文艺创作等一系列重要问题，为革命文艺的发展提供了重要的理论依据，指明了前进的方向。

《讲话》是毛泽东文艺思想的集中体现，是马克思主义的光辉文献，对广大文艺工作者起到了统一思想、加强团结、振奋精神的强大作用。《讲话》发表以后，延安文艺界掀起了一股学习的热潮，在其精神感召下，大家端正创作方向，转变思想感情，奔赴抗日前线，深入火热斗争最前沿，创作出了一大批贴近群众生活、乡土气息浓郁、人民大众喜闻乐见并与革命斗争和生产实践紧密结合的文艺作品，充分发挥了革命文艺在当时生产自救和救亡图存中的积极作用。《讲话》是马克思主义基本原理同中国革命和革命文艺实践相结合的产物，是中国共产党人开辟文艺新纪元的里程碑，具有伟大的历史意义。

《讲话》的发表距今虽已过去了80年，随着历史的发展，时代在不断变化，社会在不断进步，其中某些具体提法可能已不适应形势的需要，但《讲话》的基本精神和所揭示的文艺创作基本规律却不会过时，对于指导我们今天的文艺事业仍然具有现实意义。党的几代领导人对文艺的论述可以说与毛泽东文艺思想一脉相承，是中国化了的、与时俱进的、不断发展的马克思主义文艺理论的深化和延续，是经过实践检验的指导我国文艺事业发展的强大思想武器。在现实条件下，重温《讲话》的基本精神和重要思想，至少有以下五个方面我们必须坚持。

一是文艺工作要着眼于人民群众、民族振兴和党的整个事业，这是《讲话》的基本思想。因为文艺是整个革命机器中的“齿轮和螺丝钉”。在战争年代，它是团结人民、教育人民、打击敌人、消灭敌人的有力武器；在和平年代则应体现昂扬向上的主旋律，反映社会发展本质，讴歌人民创造历史的精神，鼓舞人们以百倍的热情投身于民族振兴和发展的伟大事业中，为我国的经济发展和社会进步提供精神动力，始终代表新时代文化的前进方向。

二是坚持文艺为人民服务的方向，这是《讲话》提出的一个核心问题。邓小平同志在第四次文代会上也明确指出：“人民是文艺工作者的母亲。一切进步文艺工作者的艺术生命，就在于他们同人民之间的血肉联系。忘记、忽略或是割断这种联系，艺术生命就会枯竭。……自觉地在人民的生活中汲取题材、主题、情节、语言、诗情和画意，用人民创造历史的奋发精神来哺育自己，这就是我们社会主义文艺事业兴旺发达的根本道路。”[①]江泽民同志也明确指出：“中国社会主义文艺发展和繁荣的最深刻根源，在中国人民的历史创造活动之中。”[②]胡锦涛同志《在中国文联第九次全国代表大会中国作协第八次全国代表大会上的讲话》中说：“文

①涂途、吴开英主编：《邓小平文艺理论读本》，中共中央党校出版社 1998 年版，第 9—10 页。

②涂途、吴开英主编：《邓小平文艺理论读本》，中共中央党校出版社 1998 年版，第 17 页。

化是民族的血脉，是人民的精神家园。实现中华民族伟大复兴，离不开中华文化繁荣兴盛。……广大文艺工作者始终坚持以人为本，更加自觉、更加主动地承担起为人民抒写、为人民放歌的历史责任。”[①] 2014 年 10 月 15 日，习近平总书记在人民大会堂主持召开了文艺工作座谈会，发表了重要讲话，为新时代文艺创作锚定了航向。他特别强调指出，“举精神之旗、立精神支柱、建精神家园，都离不开文艺”“社会主义文艺，从本质上讲，就是人民的文艺”“以人民为中心，就是要把满足人民精神文化需求作为文艺和文艺工作的出发点和落脚点，把人民作为文艺表现的主体，把人民作为文艺审美的鉴赏家和评判者，把为人民服务作为文艺工作者的天职”“人民需要文艺”“文艺需要人民”“文艺要热爱人民”“文艺的一切创新，归根到底都直接或间接来源于人民”。[②] 文艺离不开人民，因为人民群众是文艺工作者的衣食父母与精神沃土。人民作为历史发展的主体力量，作为体现时代精神的伟大载体，作为历史洪流的中坚力量，必然应成为艺术家着力描绘的对象。从《荷马史诗》到《格萨尔王》，从莎士比亚到托尔斯泰，一切人类伟大的艺术创举都可以证明这一点。正如高尔基所说：“人民不仅是创造一切物质价值的力量，人民也是精神价值的唯一的永不涸竭的源泉，无论就时间、就美还是就创作天才来说，人民

---

①胡锦涛：《在中国文联第九次全国代表大会中国作协第八次全国代表大会上的讲话》，《中国青年报》2011 年 11 月 23 日。

②习近平：《在文艺工作座谈会上的讲话》，《人民日报》2015 年 10 月 15 日。

总是第一名的哲学家和诗人：他们创作了一切伟大的诗歌、大地上一切悲剧和悲剧中最宏伟的悲剧——世界文学史。”① 从艺术本身的发展规律来看，艺术也离不开人民，因为艺术离不开人民的生活习俗、感情以及语言，离不开民族的历史发展。同时，人民也是文艺的欣赏者和优劣得失的权威评判者。人民群众的生活就如汪洋大海，文艺工作者则是其中的弄潮儿，水可载舟，亦可覆舟。文艺作品的思想成就和艺术成就，只能由人民来评定。优秀的作品必将在人民中引起巨大的反响。文艺工作者只有确立了为人民服务的观念，把认识提高到“人民是母亲”的高度，并忠诚于人民，同人民群众心心相印、血脉相通，并成为他们的代言者，才会赢得人民的认可，其艺术生命才能长久不衰、永葆青春。

三是必须坚持文艺“源于生活，高于生活”的原则。唯物主义反映论告诉我们，一切艺术形象，都是一定的社会生活在人类头脑中反映的产物。生活包括两个层面的含义，一是它的实践部分，即人类的各种实践活动及其产生的成果；二是它的意识部分也就是人类心灵的各种活动，如思考回忆、感情波澜、审美感受以及梦幻、意绪、潜意识等。生活中本身存在着艺术的原料和矿藏，是一切艺术取之不尽、用之不竭的源泉。现实的生活，比一切善于想象的艺术家都更有天赋。《祖国颂》的作曲者刘炽曾深有感触地说：“艺术创作好比种树，只有根深叶茂，才能果实累累。

①[苏联]高尔基：《个性的毁灭》，载《论文学（续集）》，冰夷、清涛等译，人民文学出版社 1979 年版，第 54 页。

否则，它就会枝叶枯黄，不但不能结出果实，久而久之，恐怕根也会不服水土而烂掉，无源之水不能急流，无本之木不能常青。这个‘源’，这个‘本’就是我们祖国人民的生活、思想、感情，再加上他们上千年来表现他们内心世界、心灵情趣的民族民间音乐。”[①] 一句话，植根于生活的沃土，创作才能根深叶茂。实践也证明了这一点，从 20 世纪 50 年代的柳青到 80 年代的陈忠实，以及“黄土画派”刘文西、“西部音乐家”赵季平，都把创作的根长期深扎在生活的底层，才取得了非凡的成就。

艺术源于生活，但又要高于生活。因为生活中的艺术原料是自然形态的粗糙的东西，必须经过艺术家们的选择、提炼、加工、概括最终才能形成艺术作品。巴尔扎克在《贝姨》一书中写道：“艺术家必须把生活制作成生动的杰作：是雕塑吧，要能和所有的眼睛对话；是文学吧，跟所有的智慧交谈；是绘画吧，唤起所有的回忆；是音乐吧，打动所有的心灵。”[②]

四是文艺创作必须坚持思想性、艺术性和观赏性相统一的原则，也就是要坚持先进文化的前进方向，处理好政治和文艺的关系。毛泽东同志说：“政治并不等于艺术，一般的宇宙观也并不等于艺术创作和艺术批评的方法……我们的要求则是政治和艺术的

① 邓道祥主编：《艺术 · 修养 · 人才——艺术院校大学生思想道德建设的理论与实践》，长江文艺出版社 1997 年版，第 34 页。

②［法］巴尔扎克：《贝姨》，转引自邓道祥主编《艺术 · 修养 · 人才——艺术院校大学生思想道德建设的理论与实践》，长江文艺出版社 1997 年版，第 36 页。

统一，内容和形式的统一，革命的政治内容和尽可能完美的艺术形式的统一。缺乏艺术性的艺术品，无论政治上怎样进步，也是没有力量的。因此，我们既反对政治观点错误的艺术品，也反对只有正确的政治观点而没有艺术力量的所谓‘标语口号式’的倾向。”[①] 文艺作为社会意识形态的特殊组成部分，具有认识、教育和审美作用，它不可能完全独立于一个国家和民族的社会历史和政治而存在，世界上没有所谓抽象的、孤立的、超越于社会历史之上的艺术发展史。伟大的艺术，无不因其深入有力地作用于社会历史，而获得在艺术史上的牢固地位。当然，艺术创作必然坚持“百花齐放、百家争鸣”的方针，应给艺术家充分的创作自由，艺术家也必须具有社会责任感。邓小平同志曾引用列宁的话说，在文学事业中，“绝对必须保证有个人创造性和个人爱好的广阔天地，有思想和幻想、形式和内容的广阔天地”[②]。他指出“文艺这种复杂的精神劳动，非常需要文艺家发挥个人的创造精神。写什么和怎样写，只能由文艺家在艺术实践中去探索和逐步求得解决。在这方面，不要横加干涉”[③]。当然，“任何进步的、革命的文艺工作者都不能不考虑作品的社会影响，不能不考虑人民的利益、国

---

① 中共中央毛泽东选集出版委员会编：《毛泽东选集》（合订一卷本），人民出版社1964年版，第870—871页。

② 邓小平：《在中国文学艺术工作者第四次代表大会上的祝词》，载涂途、吴开英主编《邓小平文艺理论读本》，中共中央党校出版社1998年版，第8、12页。

③ 邓小平：《在中国文学艺术工作者第四次代表大会上的祝词》，载涂途、吴开英主编《邓小平文艺理论读本》，中共中央党校出版社1998年版，第8、12页。

家的利益、党的利益。培养社会主义新人就是政治”[①]。这些论断是基于对文艺作为社会意识形态所必然具有的特性而做出的，也是对革命文艺发展经验和教训的深刻总结。

同时，艺术家也应有创造意识，创新是文艺的生命。创新的本质，从审美趋向上看要符合当代人的审美习惯，从思想内容来说，要与时俱进，符合时代进步的要求，创造新形式，反映新时代，歌颂新生活，塑造新人物，创作出精品和传世佳作。

五是文艺工作者必须加强自身学习，坚持百花齐放、百家争鸣的方针，提倡文艺表现的多样性。毛泽东同志在《讲话》中要求艺术家一方面要用自己的知识指导、帮助群众，另一方面又要向人民群众学习，从他们中间汲取养料，让自己充实起来、丰富起来，使自己的专业不致成为脱离群众、脱离实际、毫无内容、毫无生气的空中楼阁，并指出“只有代表群众才能教育群众，只有做群众的学生才能做群众的先生。如果把自己看作群众的主人，看作高踞于‘下等人’头上的贵族，那末，不管他们有多大的才能，也是群众所不需要的，他们的工作是没有前途的”[②]。在社会主义建设初期，毛泽东同志又提出了“百花齐放、百家争鸣”的方针，倡导古为今用，洋为中用。可惜这些思想在“文革”中遭到

① 邓小平：《目前的形势和任务》（一九八〇年一月十六日），载《邓小平文选》（第二卷），人民出版社 1994 年版，第 256 页。

② 中共中央毛泽东选集出版委员会编：《毛泽东选集》（合订一卷本），人民出版社 1964 年版，第 865—866 页。

了破坏。今天我们应该坚持“双百”方针，创作出更多振奋人民精神、鼓舞群众斗志、凝聚民族力量、激发社会活力的精神产品。

当然，主旋律是由众多的乐章和声部构成的，离开了众多的乐章和声部，主旋律也就由于单调而难以高亢、雄浑，难以构成气势磅礴的时代交响乐。社会生活是丰富的，人民群众的文化需求是多样的，正如邓小平同志所说：“我国历史悠久，地域辽阔，人口众多，不同民族、不同职业、不同年龄、不同经历和不同教育程度的人们，有多样的生活习俗、文化传统和艺术爱好。雄伟和细腻，严肃和诙谐，抒情和哲理，只要能够使人们得到教育和启发，得到娱乐和美的享受，都应当在我们的文艺园地里占有自己的位置。英雄人物的业绩和普通人们的劳动、斗争和悲欢离合，现代人的生活和古代人的生活，都应当在文艺中得到反映。我国古代的和外国的文艺作品、表演艺术中一切进步的和优秀的东西，都应当借鉴和学习。”①

文艺需要“标新立异”，需要多样性。比如长篇小说固然可以汪洋恣肆、千姿百态，而短篇小说也可以玲珑剔透、精湛可人；大型戏剧固然可以纷纭浩繁、神态万千，而独幕戏剧也可以细致入微、入木三分。一花独放不是春，百花齐放才能春满园。

历史前进的洪流撼人心扉，社会发展的脚步催人奋进。文艺是民族精神的火炬、人民奋进的号角，让我们在《讲话》精神的

---

①涂途、吴开英主编：《邓小平文艺理论读本》，中共中央党校出版社 1998 年版，第 7—8 页。

指引下，解放思想，实事求是，团结一致，开拓创新，用多姿多彩的笔墨描绘人民奋斗的业绩，用昂扬激越的音符奏响人民奋进的乐章，为中华民族的伟大复兴做出应有的贡献。

［原载《交响（西安音乐学院学报）》2002 年第 2 期］

毛泽东关于文艺工作对象的思想在新时期的现实意义*

李西林

关于文艺工作的服务对象问题，亦即文艺“为什么人”的问题，从来是美学、文艺学等学科领域重点探讨的根本问题之一，也是现代音乐美学需要加以科学规范的一个基本理论课题。80年前，毛泽东同志《在延安文艺座谈会上的讲话》(以下简称《讲话》)中单纯明快地提出了“文艺必须为人民大众服务”的思想，成为延安时代和新中国成立初至20世纪70年代末我国音乐艺术文化发展的方针。改革开放以来，毛泽东的这一思想虽然在大多数文艺工作者的心目中继续享有很高的地位，但与此同时也不否认这样一种现象，即有人认为文艺“为什么人”的问题已经不那么重要了，更无须主动提倡和规范文艺工作的服务对象，只要遵从文艺市场机制的自动调节就不愁找不到服务的“对象”。[①] 事实

---

*该文编入本《文集》时有修改。

① 参见向延生《延安文艺座谈会的前前后后》，载中国艺术研究院音乐研究所编《音乐研究文选》(下)，文化艺术出版社1985版，第585页。

上，作为一个社会主义国家，文艺上完全放任自流地依靠市场机制是不可想象的，也是行不通的。因此，在当前商品经济日益深入发展，大众审美趣味发生了明显变化的新时代，如何重新认识和评价毛泽东在《讲话》中提出的关于“文艺为什么人”的问题，仍然是文艺理论界无法回避的一个问题。

一

要完整、准确地理解毛泽东在《讲话》中有关文艺服务对象的论述，首先需要着重分析一下有关的历史背景与思想背景，以便能为重新体认《讲话》在当前的学术价值打下必要的基础。

毛泽东《讲话》是20世纪40年代中国共产党整风运动时期的重要整风文献。毛泽东所强调的“文艺工作要解决的根本问题——为什么人服务”的思想，主要是针对当时延安文艺界知识分子中存在的认识上的混乱模糊倾向而提出的著名论断。[①] 抗日战争全面爆发以后，中国共产党领导下的根据地被国民党政府承认为陕甘宁边区政府。大批抗日的爱国知识青年和著名人士奔赴延安。从国统区著名学府的大学生到文艺界名流，从城市职员到爱国绅士，还有许多东南亚的华侨子弟，他们冒着生命危险逃离敌占区来到了延安——革命“红都”。1937年，只有300名学生的

---

①参见《毛泽东文集》(第三卷)，人民出版社1996年版，第15页。

中国人民抗日军事政治大学，到 1938 年已发展到 3 万名学生的规模。1937 年，全党只 5 万名党员，到 1940 年已达到 80 万，三年内增长了 15 倍。新党员中知识分子的数量占 90%。大批城市知识分子的入党，既壮大了抗日力量，也诱发了许多严重问题，不少知识分子盲目崇拜王明等一批留苏的所谓“正宗马克思主义理论家”，在党内通过聚会和办报等形式热衷于自由主义、分散主义的议论，在实际工作中没有针对性地向群众宣传革命理论和科学知识。如许多知识分子向边区群众大讲“太阳系”“神经系统”之类的脱离当时实际的科学知识；妇女宣传队滥用“五四”时期的新女性思想，鼓励边区妇女追求自由、离婚走出家门；在文艺方面，盲目上演大型翻译剧，音乐工作者崇拜西洋音乐，关门提高技术，而人民群众喜闻乐见的作品没有产生。面对国难当头而党内又存在许多问题的严峻形势，党中央决定开展轰轰烈烈的自上而下的思想整风运动。毛泽东连续发表了一系列有关整风的文章（大部分是讲演），如 1941 年 5 月的《改造我们的学习》和 11 月的《在陕甘宁边区参议会上的演说》，1942 年 2 月的《整顿党的作风》和《反对党八股》，5 月的《在延安文艺座谈会上的讲话》，全都是为调整工作方向、整顿作风等实际问题而作的。[①]

1942 年 5 月，开展文艺界的整风，是整个整风运动中的重要事件。据党史记载，会议的第一天，从前线发来电报说，蒋介石

---

① 参见张军锋《红色延安口述・历史：延安文艺座谈会的台前幕后》（上、下册），陕西师范大学出版社 2014 年版，第 72 页。

企图派大部队逼近延安。面对如此严峻的形势，毛泽东坚定地认为，就是逃往山里，还要在山里进行整风，整风非进行不可。[①]可见当时毛泽东把整顿延安文艺界的工作作风问题视为决定革命成败的一件根本性大事。因而在《讲话》中所反映的思想都充满了强烈的时代性和实践性气息。毛泽东在《讲话》中关于文艺服务对象的论述自然也具有特定的含义和针对性。

毛泽东在《讲话》中提出的文艺工作对象问题，不是现代美学意义上所讲的审美对象、主体对象，也不是现代哲学所谓的对象性世界，或对象性存在方式。[②]毛泽东所关心的是文艺的工作对象及服务对象。他说得很明确："为什么人的问题，是一个根本的问题，原则的问题。"这充分反映了毛泽东文艺工作对象思想的基本内涵。围绕着这一内涵规定，毛泽东特别强调了文艺工作对象关系的实际特征。

1. 方向性特征

鉴于当时延安文艺界知识分子中存在着"为艺术而艺术"的创作主张，《讲话》的重心就是要纠正这种倾向，从根本上解决文艺工作的方向问题、实践问题和服务对象问题。毛泽东认为，文艺从来不是孤立的、纯粹的文化形态，从来都是受接受对象的制

---

① 参见［日］柳田谦十郎《作为科学社会主义的毛泽东思想》，载中共中央文献研究室《国外研究毛泽东思想资料选辑》编辑组编译《日本学者视野中的毛泽东思想》，中央文献出版社 1988 年版，第 117 页。

②参见赵园《艰难的选择》，上海文艺出版社 1986 年版，第 115 页。

约的。文艺曾经是为上层统治阶级服务的工具，也曾经是劳动大众抒发感情的手段。一切进步的文艺都倾向于后者。而反动落后的文艺则趋向于前一种服务对象。因此，毛泽东认为文艺作品给谁看的问题是检验文艺主体是否进步和革命的尺度。他主张革命的文艺应该为人民大众，即为工农兵以及革命干部服务，而不是为“知识分子小众”和“自身”服务。群众的社会生活实践是文艺的唯一源泉，文艺家必须深入社会生活，汲取创作的源泉。离开这个唯一的源泉，一味地去寻求其表现手法和艺术技巧是写不出有价值的好作品来的。[①]

2. 效用性特征

毛泽东在《讲话》中十分重视文艺的实践效用性功能。他旗帜鲜明地主张，文艺必须为无产阶级政治服务。艺术价值的评估指标应该既是政治标准，又是艺术标准。政治标准第一，艺术标准第二。希望文艺工作者成为解决抗日战争当务之急的重要方面军。[②]

3. 接受性特征

毛泽东认为，文艺如何为人民大众所接受，要比文艺家创作什么样的作品重要得多。他对文艺接受者这个问题给予了强烈的关注。要求文艺工作者明确服务受体对象。毛泽东还说，提高艺术作品的质量，如果离开大众接受者那是没有什么意义的。他号

① 参见汪毓和主编《中国现代音乐史纲（1949—1986）》，华文出版社 1991 年版，第 182 页。

② 参见黎辛《延安文艺座谈会相关的人与事》，《新文学史料》2012 年第 3 期。

召文艺工作者要把人民大众的接受情况作为判定艺术价值高低的标准和参照系。如果不把人民大众当作服务对象，而把注意力只放在知识分子“小众”上，用知识分子的标准提高艺术品质，是糊涂的。[①] 毛泽东在《讲话》中恳切地指出：“中国的革命的文学艺术家……必须长期地无条件地全心全意地到工农兵群众中去，到火热的斗争中去，到唯一的最广大最丰富的源泉中去，观察、体验、研究、分析一切人，一切阶级，一切群众，一切生动的生活形式和斗争形式，一切文学和艺术的原始材料，然后才有可能进入创作过程。”不然的话，文学艺术家的创作劳动“就没有对象”，就只能做鲁迅所说的那种“空头文学家”或“空头艺术家”。

毛泽东的这一思想为当时的中国共产党制定了正确的文艺政策和方针。《讲话》发表不久，革命根据地的文艺工作者纷纷走出“小鲁艺”，到农村去，到前线去，到火热的斗争中去，创作出以《白毛女》为代表的一批优秀文艺作品，推动了文艺运动的蓬勃发展。

1957 年，毛泽东回顾当时的情形说：“那时候，延安的许多知识分子思想很乱，有各种怪议论。我们开了一次会，劝大家到群众里面去。后来许多人去了，得到很好的效果。”[②]

---

① 参见《毛泽东选集》(第三卷)，人民出版社 1968 年版，第 815—816 页。

② 马广荣主编：《回望与思考——纪念延安文艺座谈会召开 70 周年论文集》，人民出版社 2014 年版，第 59 页。

二

毛泽东在《讲话》中阐发的文艺工作对象的思想属于永恒范畴，还是历史范畴？是新民主主义时期革命文艺斗争的思想策略，还是繁荣和建设社会主义文艺事业的唯一正确的基本指导方针？这是文艺理论界近40年来研讨的热点问题之一。

我们认为，在《讲话》中提出的文艺对象的思想，就其产生而言，其本身是社会历史的产物。要繁荣商品经济条件下的社会主义文艺事业，就必须重新理解毛泽东的文艺对象性精神，必须放宽对文艺服务对象的界说，摆正文艺与政治的关系，摆正艺术工作者与广大群众的关系。这些变化均已体现在了我们党80年来的文艺方针和发展社会主义文艺事业的政策内容之中。但是，这并不意味着毛泽东的文艺工作对象思想已失去意义，实践表明，毛泽东有关文艺工作对象思想的基本精神既能够经得起历史的检验，又能对今后的文艺实践起到重要的指导作用。

首先，毛泽东关于文艺服务对象的思想对于当前文艺工作者的艺术创造活动具有一定的艺术本体论意义和方法论意义。艺术的本源是什么？艺术作品是创作主体个人的感受和爱好的反映，还是社会客体对象包括广大群众爱好需要的产物？这是区别唯美主义与唯物主义文艺美学思想的逻辑起点。马克思主义认为，艺术的本源是由客体对象所制约、所决定的。同时，马克思主义还认为文艺对象又是由社会历史的创造主体人民群众所组成的。“无产阶级革命的任务之一，就是丰富绝大多数人的精神审美需要。”列宁十分赞赏车尔尼雪夫斯基这位唯物主义美学家的“文艺来源于社会生活”的观点，并进一步提出艺术要接近人民、艺术要为千千万万劳动人民服务、艺术让人民群众理解和喜爱。毛泽东在《讲话》中直接引述了列宁的文艺观点，并做了新的发挥。他主张，文艺必须为人民群众服务。人民群众的生活较之于文艺虽然是相当粗糙的东西，但也是最生动、最丰富、最基本的东西，是一切文学艺术取之不尽、用之不竭的唯一源泉。历来的文艺特别是进步的文艺，都是为社会现实服务的文艺，从来没有超阶级的文艺。真正的文艺是打击敌人、教育人民的有力武器。[①]

从艺术本体论而言，马克思主义文艺理论所提倡的“文艺应当为人民大众服务，为社会政治服务”的观点，并非外在于文艺的东西，并非从外部对文艺作品的强加干涉，大众情趣、社会意识是渗透于艺术审美活动中的、构成艺术作品之血肉以至灵魂的内在有机要素。谁也不能否认这样一个审美现实：文艺的繁荣恰恰都是发生在重大政治历史活动之后相对平静的时期，且在杰出的艺术家心灵经历过巨大的震颤之时。恰恰是那些对于社会生活、人民疾苦表现出强烈关心的高超艺术作品，击中了多数人的情感机制的作品，方能进入艺术神圣殿堂成为千古不朽的经典之作。

---

①参见程凯《政治与文艺的再理解——从胡乔木讲话反观〈在延安文艺座谈会上的讲话〉》,《文学评论》2017 年第 5 期。

我们姑且不说与现实对象世界十分贴近的文学、电影、戏剧艺术的繁荣机制，即使是距离现实社会政治生活较远的音乐艺术的发展，也难以超越现实的时代精神。巴洛克音乐的勃兴实质上是文艺复兴时期市民社会生活自由精神的觉醒；贝多芬的不朽乐章讴歌了资产阶级革命运动受挫之后的英雄主义时代精神；舒曼等人的音乐作品倾吐了自由竞争时期中产阶级的个性追求；无调性音乐、狂飙音乐运动和流行音乐，无不尽情地宣泄着商品经济社会、后工业社会人们的亢奋心理、情感能量、痛苦迷惘。新中国成立初期（20世纪五六十年代），在我国产生了一大批优秀的音乐、电影、文学、戏剧、舞蹈等艺术作品，也说明社会意识包括政治意识对艺术创作者的艺术发动、创造过程和审美风格起到积极作用。可见文艺工作者对“大众”和“现实生活”的关心，与现实生活的贴近，并不直接造成艺术审美创造的得或失。而问题在于艺术创作主体的审美活动是以什么样的方式进行艺术加工创造的。也就是说关键在于艺术家对“人民性”“政治性”“社会性”的审美理解如何，是直接引入审美活动，还是将之作为创造意识的有机要素，自然地消融于审美创造及审美结果之中。这是一种更为根本的艺术审美认识方式。如果创作主体以机械的、线性的、直接的方式从事艺术审美创造活动，必然会生产出概念化、公式化和假大空的作品，自然会为大众和时代所遗弃。反之则会为接受对象所认同和肯定。毛泽东作为一位具备高度创造性智慧的诗人和杰出的理论家，无疑对艺术作品的鉴赏力和洞察力具有超人的地方，他对文艺服务对象的规范，必然是希望艺术家们创造出真正能为广大群众服务、为现实革命斗争服务的精美作品，而绝不是希望艺术工作者们生产出公式化、一般化的作品，是对艺术家们提出了更高的要求。《讲话》发表之后，出现了许多图解政治的文艺作品，但是不能因这些作品的出现就一味地否定艺术的社会功能性。认为突出艺术的主体价值、远离现实生活，就能推动文艺事业的巨大进步，是对艺术存在价值的否定，也是对毛泽东文艺服务对象思想的否定。一切有价值的艺术作品无不贴近现实生活，无不折射时代精神。重温毛泽东《讲话》，对于我们文艺工作者在文艺方向上一些模糊观点的梳理会有不少教益和启迪。[①]

其次，毛泽东关于文艺工作对象的思想还具有认识论意义和审美价值论意义。在延安时期艰苦的环境里，脱离战争现实，忽视艺术实践价值，单纯强调提高艺术标准，一味照搬外国的创作技法，显然是不现实的。毛泽东为文艺工作者建构的以人民群众为核心的审美坐标是有正确的一面的。即使在目前的形势下，大众审美情趣活动日益向丰富性、多样性发展，也会有力地促使艺术工作者不断提高艺术技巧以及艺术责任感、使命感。艺术工作者要满足人民大众的审美需要，唯有把大众需要作为主要的参照系，方能创造出艺术水准较高的作品，或者“才有可能进入创作

① 参见傅其林、张宇维《毛泽东〈在延安文艺座谈会上的讲话〉在英语世界的传播与接受》，《上海大学学报（社会科学版）》2018 年第 2 期。

过程”[①]。

毛泽东在《讲话》中阐发的文艺服务对象思想的基本精神是对马克思主义文艺理论的重大发展，是对文艺服务对象问题最为明晰的界说。随着社会历史的不断演进，毛泽东的论断日益得到了证明。不过，如果一味地把文艺服务对象绝对化、神圣化，贬低艺术家主体的价值功能，并且把劳动群众看得永远高于知识分子（包括文艺工作者在内），甚至把大众的接受性看得比创造艺术作品本身还重要的话，也会造成极其不良的后果，以往几十年的文艺实践已经证明了这一点。[②]

我们纪念《讲话》的目的是勇于坚持和发展毛泽东文艺思想。“为什么人”的思想作为毛泽东文艺理论宝库中的重要支柱观念，至今仍有现实意义。毛泽东关于文艺是人类社会生活的反映，生活是文艺创作的唯一源泉，文艺家必须深入现实生活、贴近生活，文艺必须为人民大众服务等论断，永远是正确的，是我们当前从事文艺工作的指导方针。但我们也要清醒冷静地看到在执行毛泽东文艺思想过程中的某些偏差，从中吸取教训，引以为戒。[③]这样才能坚持和发展毛泽东文艺思想，才能在毛泽东文艺思想的指引

①李捷：《毛泽东著作及版本研究的意义与方法》，《毛泽东研究》2020 年第 1 期。

②参见张炯《论〈在延安文艺座谈会上的讲话〉的历史背景和理论生成》，《文艺争鸣》2017 年第 6 期。

③参见［日］柳田谦十郎《作为科学社会主义的毛泽东思想》，载中共中央文献研究室《国外研究毛泽东思想资料选辑》编辑组编译《日本学者视野中的毛泽东思想》，中央文献出版社 1988 年版，第 117 页。

下，在文艺实践的广阔领域中去探索开拓、创造出有中华民族特色的社会主义的新的音乐文化体系。

[原载《交响（西安音乐学院学报）》1992 年第 2 期]

从音乐事件看音乐的人民性

彭　锋

2022年是毛泽东同志《在延安文艺座谈会上的讲话》(以下简称《讲话》)发表80周年。《讲话》阐明了文艺为人民服务等重要观点，成为中国共产党领导文艺工作的纲领性文件。今天重温《讲话》精神，笔者想在音乐的人民性问题上，谈谈一些不成熟的想法，请大家批评指正。

在所有艺术门类中，音乐具有天然的人民性基础。人类天然就具备创作和欣赏音乐的能力，音乐的旋律和节奏具有很强的感染力，可以突破文化的障碍进行跨文化传播。对此，中国古典美学很早就有明确的认识。例如《礼记·乐记》记载："凡音之起，由人心生也。人心之动，物使之然也。感于物而动，故形于声；声相应，故生变；变成方，谓之音；比音而乐之，及干戚羽旄，谓之乐也。"《荀子·乐论》记载："夫乐者，乐也，人情之所必不免也。"这些文献中的记载都表明，音乐是人类最自然的表达情感的艺术形式。我们可以将音乐的这种特征简称为"情动"特征。

音乐除了是人类情感的自然流露之外，音乐的情感表达中还暗含着情感交流。参与分享的人越多，音乐的感染力就越强。正如孟子所言：独乐乐，不如与人乐乐；与少乐乐，不如与众乐乐（《孟子·梁惠王下》）。我们可以将音乐的这种特征简称为“分享”特征。

正因为音乐具备“情动”特征和“分享”特征，音乐的人民性基础就非常牢固。可以毫不夸张地说，人人天生都是音乐人。同时，音乐的价值不在于独占，而在于分享。正因为如此，我们在世界各地自然传唱的民间歌谣中可以听到最美的旋律。许多民间歌谣经久不衰，让人百听不厌。

这种根植于人民生活之中的原生态音乐，往往具有很强的事件性。“事件”是当代哲学中一个时髦的概念，而且有不断被神秘化的趋势。事实上，对事件的界定并没有想象中那么困难。简要地说，事件就是发生的事情。我们可以通过将“事件”与含义相近的“事物”和“事实”进行比较，来确定事件的内涵：首先，事件不是事物，事物只是存在而非发生。事物的空间边界清晰而时间边界模糊，事件的时间边界清晰而空间边界模糊。事物可以在空间中移动，事件不能在空间中移动。其次，事件也不是事实。事件是具体的，在时空中发生的；事实是抽象的，是无时间性的。再次，与事件接近的是“行动”或者“活动”。不过，行动与事件也稍有不同。行动指的是行动者与事件之间的关系。行动是行动者导致的事件，事件则不一定都是行动者导致的。换句话说，行动都是有主体、有意图的，事件可以是主体不明、意图不清的。从总体上来说，事件是发生的、有强度感和新异性的，因而是不可重复的活动。

但是，随着音乐制度化的确立，原生态的“自然音乐”逐渐变成了“文化音乐”。不可否认，音乐的制度化让音乐获得了巨大的发展。但是，它也逐渐削弱了音乐的事件性。其中最重要的转变发生在 18 世纪的欧洲。

根据莉迪娅·戈尔（Lydia Goehr）等人的研究，随着记谱技术的成熟，新的音乐创作和欣赏机制的形成，音乐由音乐事件变成了音乐作品。音乐脱离了它的原生语境，成为“博物馆”里的作品。当然，音乐的博物馆并非现实的博物馆，就像戈尔的著作《音乐作品的想象博物馆》所表明的那样，音乐的博物馆是想象的博物馆。但是，世界上确实也存在汗牛充栋的现实的博物馆。通过与现实的博物馆的比较，我们就能明白音乐在 18 世纪欧洲发生的变化有多么巨大。例如，大英博物馆中有埃及文物馆，里面的展品全部来自埃及。这些展品在埃及本地是活态的，在当地人民的生活中发挥着具体的功能。当它们被置入大英博物馆中时，它们在原地所发挥的功能就停止了，它们就由活态的功能变成了静态的作品。戈尔的研究表明，在 18 世纪之前，音乐在欧洲也发挥着各种各样的功能，到了 18 世纪之后，这些功能就被抑制了，音乐就变成了“作品”。我们把在特定环境中发挥具体功能的音乐称为“音乐事件”，把脱离具体环境和具体功能的音乐称为“音乐作品”。当然，脱离具体环境和具体功能的音乐并非没有环境和功能。脱离具体环境的环境就是艺术环境，脱离具体功能的功能就是审美功能。用一个美学术语来说，它们都具有“无利害性”(disinterestedness)。18世纪在欧洲发生的这种变化不仅体现在音乐中，也体现在其他艺术门类中。就是“艺术”和“美学”概念本身，也是18世纪产生的。18世纪欧洲发生的这种巨大变化，在音乐领域被称作“大分野”(great divide)。这种“大分野”也体现在其他艺术和文化形式之中，它是现代性的一个重要标志。而且，随着现代性从欧洲向其他文化和地域的蔓延，其他文化和地域的艺术观念也发生了变化，于是出现了今天全球通行的以审美为核心的艺术观念。总之，经历了18世纪这种巨大变化之后，音乐的创作、欣赏、教育、传播等方式都发生了重大变化。音乐由依赖时空环境的、不可重复的“事件”，变成了超越时空环境的、可以重复的“作品”。

18世纪欧洲的这种变化，的确带来了艺术的大发展和大繁荣，音乐也不例外。我国的现代音乐教育，在总体上受到欧洲的这种变化的影响。但是，我们在看到这种变化给艺术带来的巨大优势和进步的同时，也需要反思它造成的误区和缺陷。从总体上来说，这种转变让艺术走上了自律的道路。于是，艺术从为人民的艺术变成了为艺术的艺术。当艺术走上为艺术而艺术的道路之后，就变成了艺术内部或者说艺术专业之间的竞争，这种竞争有可能穷尽艺术的全部可能性，导致艺术的终结。

进入20世纪后半叶，随着实验艺术和先锋艺术探索的深入，艺术终结由理论变成了现实，各种版本的艺术终结论都建立在艺术的可能性业已被穷尽的基础之上，艺术已经没有创新的空间了。不过，这种终结的危机，在音乐领域似乎没有在美术领域那么紧迫。但是，事实上，音乐终结的危机感与绘画终结的危机感差不多同时发生。据说法国画家保罗·德拉罗什（Paul Delaroche）1839年看到用银版摄影术制作出来的照片时便宣称：从今天开始，绘画死了。英国思想家约翰·密尔（John Mill）在1873年出版的《约翰·密尔自传》中，谈到了音乐有可能被穷尽的问题。他认为乐音的组合方式是有限的，而且差不多已经被音乐家穷尽了，音乐家已经创作不出崭新的作品了。

密尔关于音乐的可能性被穷尽了的观点，建立在音乐记谱技术成熟的基础上。有了成熟的记谱技术，音乐的创作和保存方式发生了巨大变化。记录在乐谱中的音乐可以超越时空的限制，成为永恒的作品。音乐作品的日积月累，就有可能穷尽音乐的全部可能性。

音乐作品的可能性之所以能够被穷尽，还有一个前提，那就是将音乐视为数的排列组合。密尔正是在这种意义上来看待音乐的，认为乐音的数的组合形式是有限的，因而是可以穷尽的，而且差不多已经穷尽了。将音乐视为数的排列组合的观点，在欧洲根深蒂固。在很长时间里，欧洲人都将音乐家视为数学家。也正因为如此，在中世纪欧洲的七种自由艺术中，只有音乐属于我们今天称作的艺术。将音乐视为数的排列组合的观点，被今天的音乐哲学家发展为音乐中的柏拉图主义。按照这种观点的支持者彼得·基维（Peter Kivy）的说法，音乐家只是发现音乐，而不是创造音乐，因为音乐作为数的可能性已经存在了。

当然，造成音乐终结危机的还不只是记谱技术，还有音乐复制技术。就像摄影造成绘画的终结那样，录音有可能造成音乐的终结。与记谱技术相比，录音技术可以带来音乐创作的更大变化。电子音乐的发展正是建立在声音的现代处理技术的基础上。今天的人工智能又往前推进了一大步。对于人工智能来说，真的有可能实现按需制作。需要什么样的音乐，人工智能就可以做出什么样的音乐。音乐的全部可能性最终被人工智能穷尽了，就像围棋的下法被人工智能穷尽了一样。人工智能成了包含音乐全部可能性的“博物馆”。

怎样避免音乐的终结呢？笔者认为不是去开发更高级别的人工智能，而是让音乐从作品回到事件；不是去开拓音乐的新的可能性，而是让音乐发挥它的社会功能。音乐家的主要任务不是去探索崭新的音乐，而是思考人民需要什么样的音乐。与可能的音乐（作品）相对的是现实的音乐（事件），这种音乐不在想象的博物馆中，而在现实的社会中，是在社会中发生的、广大人民群众参与的音乐——社会事件。正因为如此，我们今天重提音乐的人民性就具有了某种特别的意义，它涉及音乐本身的生死存亡问题。简要地说，只有人民需要的音乐才有存在的价值，才是真正的音乐。人工智能演算的音乐只是可能的音乐，如果没有人的需要，它就永远不能成为现实的音乐。

［原载《交响（西安音乐学院学报）》2022 年第 2 期］

人民是艺术创作的源泉

——重温毛泽东《在延安文艺座谈会上的讲话》

王 青

1942 年 5 月延安整风运动期间，中共中央宣传部组织召开了由文艺界 80 余人参加的座谈会，会议历时 20 余天，毛泽东及其他中央领导同志三次莅临会议，并在会议开始和结束，就有关文艺工作的问题发表了两次重要讲话，合称为《在延安文艺座谈会上的讲话》(以下简称《讲话》)。至今,《讲话》发表已逾 80 周年，其思想内涵及精神价值所产生的巨大影响力，促发了中国艺术创造在革命化、民族化、大众化的道路上取得了一个又一个的重大突破，在不同时期催生了一部部精品佳作。《讲话》精神既是对马克思主义文艺思想中国化的发展，也是毛泽东文艺思想的最直接体现。重温和学习《讲话》精神，一方面可以对照剖析 20 世纪早期陕甘宁边区革命文艺发展的基本走向，另一方面可以更深入地感悟毛泽东文艺思想的精神实质及其感召力。

一、毛泽东《在延安文艺座谈会上的讲话》产生的历史背景

众所周知，1935 年 10 月，中国工农红军经过二万五千里的长途跋涉到达陕北，至此以陕北为革命根据地，掀起了轰轰烈烈的新民主主义革命运动，历时十三载，为中国革命取得胜利、为新中国的成立打下了坚实的基础。在这个特殊的历史阶段中，除了共产党领导的红军在陕北建立了革命根据地以外，同时积极发动群众参与到武装革命斗争行列中，在整个革命斗争过程中，文艺宣传发挥了非常重要的作用。正如毛泽东同志所说："我们要战胜敌人，首先要依靠手里拿枪的军队。但是仅仅有这种军队是不够的，我们还要有文化的军队，这是团结自己、战胜敌人必不可少的一支军队。"①

当时的延安作为进步青年、热血青年非常向往的地方，从 1935 年到 20 世纪 40 年代初期，陆续有很多大城市包括海内外的青年学生克服种种困难、突破国民党的重重封锁来到延安。在革命斗争的实践过程中，青年人宽阔的知识视野，活泼与勇敢向上的精神，为整个陕北的文化生活注入了不少新鲜活力。

但我们知道，陕北是几千年来受传统文化影响深远的一个地方。自然环境恶劣，生活条件落后、艰苦，人民群众的文化水平

---

①文中所引毛泽东《在延安文艺座谈会上的讲话》内容，均见《毛泽东选集》(第三卷)，人民出版社 1991 年版，第 847—879 页。

非常低。早在封建社会时期，陕北就不断地遭受自然灾害和兵燹侵扰，历史上的北方少数民族入侵中原都要通过陕北这个地方，北周以后的少数民族政权也涉足了这片土地，导致了陕北长期处在北方游牧民族与中原农耕文明交错、盘结的地带。正是因为常年战争，特别是宋代以后，大量的民族冲突加剧了陕北的贫瘠化，反过来也激发了老百姓的反抗意识，从而使其参与革命斗争的热情非常高。但先天的不足是劳动生产技术落后，文化基础几乎没有，老百姓大多目不识丁，贫瘠的土地连温饱都保证不了，更谈不上接受教育，甚至在地方县志里记载有“出钱办教育没有，捐资修庙踊跃”的愚昧情景。

在这种情况下，陕北红军来到延安以后，吸引了很多来自全国各地以及海外的知识分子，他们携带的“先进文化”与陕北老百姓的农耕知识基础形成了巨大反差。在革命热潮的激发下，知识分子们的艺术创作热情高涨，创作出了很多作品，但结果是老百姓并不接受，难以在革命斗争中发挥作用。换句话说，青年艺术家们，想为革命做贡献，但创作的作品“曲高和寡”往往不接地气。革命到底需要什么样的文艺？革命的文艺到底怎样为现实斗争服务？这就成了摆在当时中共中央面前一个非常重要的问题。所以，1942 年 5 月初，中共中央召集在延安的知识分子、文艺工作者 80 余人，召开了文艺座谈会，会议从 5 月 2 日开始一直持续到 23 日，集中举行了三次大会，先后历时 20 多天，这在中国文化史上都是很少见到的。参加会议的有音乐家、作家、诗人等，他们根据延安当时的文艺状况、革命斗争需要提出了各种各样的看法。毛泽东同志参加了 5 月 2 日的开幕式，做了一个简单的发言（引言），此后邀请多位与会代表面谈，陆续听取各方意见，并在 23 日的闭幕式上，做了一个总结性的发言。前面的引言和后边的总结发言合在一起，就构成了延安文艺座谈会的重要文本，并于 1943 年 10 月 19 日在延安《解放日报》上正式发表，新中国成立后的 1953 年编入《毛泽东选集》（第三卷）。据延安文艺纪念馆收集的资料显示，不同历史时期出版的《讲话》单行本和外文译本有几十余种之多。

二、毛泽东《在延安文艺座谈会上的讲话》主要内容解析

认真学习《讲话》内容和领会其精神，会发现这篇文稿写得非常精彩，符合毛泽东文论的一贯风格：立意高远、概念清晰、逻辑缜密，既有问题的提出，也有事实依据和分析结论。这就是这个文本在经过了几十年的发展直至今天，让人读来依然觉得思想深邃、引人入胜的原因。

比如在《讲话》的“引言”中，毛泽东首先提出：“我们的文艺工作者需要做自己的文艺工作。”这句话非常具有深意。我们的文艺工作除了我们自己做以外，难道还有其他人做吗？实际上，毛泽东所要强调的是，我们所做的文艺工作是为包括我们自己在内的广大人民群众而服务的文艺工作，而不是为其他什么人而服

务的，文艺工作就是要贴合当时的民主革命斗争需求和战争环境。

接下来毛泽东又说：“我们的文艺工作者不熟悉工人，不熟悉农民，不熟悉士兵，也不熟悉他们的干部……许多文艺工作者由于自己脱离群众、生活空虚，当然也就不熟悉人民的语言，因此他们的作品不但显得语言无味，而且里面常常夹着一些生造出来的和人民的语言相对立的不三不四的词句……但是什么叫做大众化呢？就是我们的文艺工作者的思想感情和工农兵大众的思想感情打成一片。”在此，毛泽东的解释非常清楚，具有很强的针对性。虽然他采用的大都是通俗的语言，但提纲挈领地反映出作为人民的领袖，对延安时期整个文艺方向的把握。强调了我们研究问题要脚踏实地地研究，我们进行思想讨论也应该如此，那么我们的文艺创作更应该如此。

为什么提出这个问题？因为当时来自全国各地的青年学生根本不了解艰苦的革命斗争环境，在思想意识上多数都被萦绕在理想的乌托邦之中，特别是受到洋式教育的知识分子们，虽然接受了很多新鲜的知识，但他们并不一定就了解老百姓的真实生活，了解革命斗争的实际需要。所以，他们写出的东西老百姓不喜欢，造成了观众缺位的尴尬结果。毛泽东在“引言”的最后说：“我们知识分子出身的文艺工作者，要使自己的作品为群众所欢迎，就得把自己的思想感情来一个变化，来一番改造。没有这个变化，没有这个改造，什么事情都是做不好的，都是格格不入的。”要改变文艺工作者的思想，首先是要从创作者安身立命的阶级立场来进行。

以上这三段话逻辑关系非常严密，触及了问题的症结。在陕北秧歌剧出现前，有很多文艺工作者创作的出发点很好，也写了不少作品，但都不受欢迎，就是因为不接地气，不懂得广大群众的审美喜好。

在经过 20 多天讨论后，毛泽东在文艺座谈会的结论性发言中提出了三个重要的观念性问题。第一个就是“我们的文艺是为什么人”的问题，用今天的话来说，就是解决文艺的服务对象问题，这也是最根本的问题。论述中，他首先引用了列宁的话：“文艺应当‘为千千万万劳动人民服务’。”革命斗争的历史实践证明，没有群众，党不可以建立；没有群众，我们的革命武装斗争不可以推进；没有群众，我们更不可能走出社会主义的发展道路。毛泽东虽然引用的是列宁的话，但他触及的是问题的本质：群众是我们进行革命斗争的基础，群众是我们进行文艺宣传的主要对象。在这种情况下，毛泽东对被服务的人民大众做出了界定，当时来讲主要包括这几个方面，“我们的文艺，第一是为工人的，这是领导革命的阶级。第二是为农民的，他们是革命中最广大最坚决的同盟军。第三是为武装起来了的工人农民即八路军、新四军和其他人民武装队伍的，这是革命战争的主力。第四是为城市小资产阶级劳动群众和知识分子的，他们也是革命的同盟者，他们是能够长期地和我们合作的。这四种人，就是中华民族的最大部分，就是最广大的人民大众”。毛泽东以阶级的立场和观念，把统治阶级、封建阶级、买办阶级这些代表少数人利益的剥削者阶层剥离了出去，因为他们是压榨老百姓的获利者，他们不属于劳动群众。这就锁定了后来我们的“二为”方针中第一个“为人民服务”的范围，这也是毛泽东文艺思想中最根本的认识。

第二个是“如何去服务”的问题。毛泽东用了两个关键词，一个是“提高”，另一个是“普及”。“提高”就是说面对老百姓的生活环境，这个提高是双向的，它需要创作者提高自己的认识，把认识投向老百姓，通过改变创作方式、创作形式，创作出适合广大老百姓需要的东西。那么，老百姓学文化也好，看戏也好，学唱歌也好，本身也是一个文化学习与改造的过程。换句话说，当群众的文化基础提高了，我们的作品才会有更高的表现力。创作者与接受者之间的关系是相辅相成、传播相长的。

在论及“提高”的问题时，毛泽东首先说：“一切种类的文学艺术的源泉究竟是从何而来的呢？……人民生活……是一切文学艺术的取之不尽、用之不竭的唯一的源泉。”对照后来延安“鲁艺”创作的歌剧《白毛女》，其原型故事中实际上是带有一些神话传说的内容的，但在编创的过程中经过多次酝酿，确立了新的思想立意，即“旧社会把人变成鬼，新社会把鬼变成人”，这个核心立意非常重要，它反映的不是白毛仙姑的传奇，而是黑暗的社会制度对广大老百姓的摧残和压迫，一下子就把新旧社会制度对待人民的不同呈现了出来。据说当时演出时，有士兵在观看中太过投入，甚至都想拿枪打演员。联系《讲话》中，毛泽东认为文艺作品中反映出来的生活本质，比普通的实际生活更高、更强烈，更有集中性、典型性，充满着美好的理想，因此就带有强烈的感情色彩。这就是后来我们常说的“艺术创作源于生活又高于生活”的出发点。

俄国有个大思想家、文学家车尔尼雪夫斯基，他最著名的观点是“美就是生活”。现实中美真的等于生活吗？恐怕不见得。美一定是从生活最朴素的东西中提炼出来的。所以，我以为毛泽东文艺思想在某些方面和车尔尼雪夫斯基的观点虽有一定的相通性，但其站得更高、看得更远。这就是说，艺术一定要来源于生活，不来源于生活，老百姓就不能接受，老百姓从艺术中看不到自己的影子，就产生不了情感共鸣，产生不了情感共鸣，那么创作这个作品就没有意义。

当我们把提高的问题弄清楚后，接下来就涉及“普及”的问题。怎么去普及？毛泽东认为“第一步需要还不是‘锦上添花’，而是‘雪中送炭’”。在这里“雪中送炭”的意思，显然是言指创作要符合革命斗争实践需要的及时性。换个角度说，在别人都在如火如荼地进行革命斗争的时候，你却在那里强调风花雪月，这不仅不合时宜，还影响革命斗志，尤其是在国家民族十分危难的情况下，你的创作却强调儿女情长，全小义而忘大义，不仅显得无比自私，并且丧失的是民族气节。所以说，为什么在 20 世纪 40 年代大家都批评黎锦晖，批评他的轻歌曼舞，其中很重要的原因就是“商女不知亡国恨”。在特殊环境下，不仅没有一种中华民族到了最危难时刻的自觉，还在歌舞升平，不断地沉浸在享乐之中，这不是精神麻醉是什么？所以，毛泽东才强调革命实践斗争需要的是“雪中送炭”。

“锦上添花”的本意是指在已经做得很好的基础上增加了更加精致的东西。但在战争环境下，直接、有效的宣传应该更能调动广大人民群众的革命热情，也就是说，创作要能够及时反映革命斗争的需要。其实，所有的艺术都与社会实践有联系，包括西方经典艺术，也一定和当时的社会有着这样或那样的联系。毛泽东在《讲话》中之所以强调革命实践斗争中的艺术创造，需要的不是锦上添花而是雪中送炭，实际上是对革命文艺现实主义思想的直接反映。另外，他还提到，不仅优秀作品现在有普及问题，广大群众的文化水平也是在不断提高的。毛泽东把艺术提高的双向问题分析得十分透彻。

举个例子：陕北民歌，早先的时候主要表现老百姓的生活，以歌唱山野里的男欢女爱为主，当地人叫“酸曲”。但是经过革命斗争锻造后，很多曲调被改编并用在了革命实践斗争中。这是陕北民歌质的飞跃，这个艺术提升实际上是一次艺术的再创造，为它注入了新的内涵，改变了旧曲调的形式面貌，在格调上、情绪上变得更有力度并富有感染力。而从创作的思想立意看，它原来是私情的东西，以展示个人情感为目的，但当它被融入革命色彩，以歌颂当时火热的革命斗争为目的时，它所展示的就不是个人情怀了，而是集体的意志和力量。它的格调变高了，影响力也就不一样了，从此进入了主流文化层面。针对这样的艺术转变，我们一般不应局限在一个小点上去观察，而要从更宽泛的文化层面去剖析，这样，才可能更清晰地辨识出作品所具有的文化驱动力和社会影响力，新民歌所承载的文化符号也就从个人的“小我”上升到了集体的“大我”层面。

第三个是“党的文艺工作和党的整个工作的关系问题”。我们的文艺受党的领导，我们的文艺要体现正能量、要弘扬主旋律。特别是在革命战争年代，文艺与党的工作关系问题就是文艺界统一战线的问题，也就是说文艺界要发出一个统一的声音，这与百花齐放、百家争鸣没有直接的矛盾。因为处在一个特殊的革命战争时期，如果没有延安十三年的红色革命积淀，大概就没有新中国，孕育新中国的摇篮是在延安诞生的。当时的文艺统一思想战线问题非常尖锐，有人指出此为政治凌驾于一切之上，政治把文艺的个性和创造性淹没掉了。但文艺不能忽略时代的要求，在当时的情况下，我们就需要“黄河”的精神，有了这种精神，文艺才真正做到为当时的革命斗争服务。

毛泽东提出：“在现在世界上，一切文化或文学艺术都是属于一定阶级的，属于一定的政治路线的。”我们看西方的经典作品，我们也阅读唐诗宋词，我们有浪漫主义，但更多的、更能感觉到的是现实主义。西方 19 世纪影响最大的两个作家，一个是雨果，另一个是巴尔扎克。巴尔扎克通过揭露黑暗社会中的不平等来反映社会的弊端，而雨果则通过人性的改造，以浪漫主义的情怀以及对美好的向往来表达一种社会的进步，其本身并不矛盾，但这是在一定的时空范围内来讨论的。我们今天也不能跳出时空界限谈论事物，更何况特殊的战争年代。所以，当时毛泽东提出的文艺界统一战线的问题，是一个高瞻远瞩且具有文化战略眼光的问题，是一个非常符合当时时代主题的问题。

除了以上重点所谈的三个观念性问题外，在《讲话》中，毛泽东还提出了“文艺批评”问题。文艺批评是文艺发展的一个基础性问题，所谓批评的目的就是在寻找差距的过程中，使事物更加完善。如果没有批评的介入，《东方红》等就不可能从简单的农村小调华丽转身，演变为红色革命歌曲乃至颂歌。正是因为有了批评，艺术创造的追求越来越清晰，随着老百姓生活质量的提高，社会文化环境的改善，我们社会主义音乐发展的道路才会越走越好，所以，批评思想的介入是非常重要的。

毛泽东针对文艺批评提出了两个标准——政治标准和艺术标准。政治标准就是“一切利于抗日和团结的，鼓励群众同心同德的，反对倒退、促成进步的东西，便都是好的；而一切不利于抗日和团结的，鼓动群众离心离德的，反对进步、拉着人们倒退的东西，便都是坏的”。这是一个非常辩证的思考。而艺术标准就是要选择一种适合老百姓接受的形式，把传统的、地方的、新鲜的东西糅合到一起，让老百姓能从中感受到熟悉的气息，他才会买你的账。西洋歌剧虽然是西方社会文化几百年积攒的经典，但是在延安时期的民主革命环境中，你写一个西洋大歌剧、正歌剧或者喜歌剧，老百姓恐怕都难以接受。但“鲁艺”创作的《白毛女》却受到了广大老百姓的喜爱，不仅是故事他们能看明白，而且唱段曲调他们也觉得熟悉、动听，因为《白毛女》中采用了大量的北方各地歌谣。尽管从中或多或少也能看到西洋歌剧对它的影响，但它的确是中国人在大量吸收民间音乐文化基础上，所进行的艺术新创造。所以说，《白毛女》的成功既体现了政治上的标准，也吻合了艺术上的标准。

我们再回看一下共产党领导的陕北民主革命十三年，传统民间歌谣转型为红色歌曲，陕北民歌在其中占据了大部分，其中相当一部分既有把旧曲调移植过来的，也有根据当时的社会环境创作的新民歌，正是陕北的革命环境催生了红色民歌的大量涌现。再比如陕北秧歌，旧时主要用于民间祭祀和节庆活动，而在陕北新艺术改造中，融入了小戏因素，结合当时社会环境，艺术家们创作出了诸如《兄妹开荒》《夫妻识字》等经典名剧，为催生民族歌剧《白毛女》奠定了基础。而冼星海依据“康塔塔”形式创作的《黄河大合唱》更是中国人的骄傲，这部大型合唱在内容上反映了中华民族不屈不挠的奋斗精神，在形式上合理嫁接，以其恢宏的音乐气势久唱不衰。

总结来看，延安时期的音乐文化发展，正是在《讲话》精神的指引下，确立了观念，明晰了方向，调动起了广大文艺工作者的创作热情，促使他们深入农村、工厂、军队开展采风活动，收集整理民间音乐，在短短的几年中创作了大量的为群众所喜欢的各种形式的文艺作品，形成了延安文艺特有的“高原高峰”期，成为延安精神的有机组成部分，为新中国成立以来社会主义文艺发展道路奠定了坚实的基础，并在新时代文艺发展中继续发挥积极作用。

（原载《音乐天地》2022 年第 6 期）

重温毛泽东《在延安文艺座谈会上的讲话》之感怀

鲁日融

80年前的今天，毛泽东同志《在延安文艺座谈会上的讲话》（以下简称《讲话》）中提出文艺为工农兵服务、文艺工作者与工农兵相结合的道路之后，以鲁迅艺术学院为代表的广大文艺战士自觉地奔赴战场，深入农村、工厂，到火热的斗争生活中体验生活，创作出了多种形式的文艺作品，为中华民族的解放事业和文化事业做出了贡献。以延安为中心的革命文艺运动不仅遍及全国各解放区，而且波及国统区、敌占区，使革命文艺成为“团结人民、教育人民、打击敌人、消灭敌人的有力武器”。可以说，延安文艺运动是我国近现代文艺史上最为“开放”、最为“繁荣”、最有“成果”的里程碑。80年以来，毛泽东同志的《讲话》一直指导着中国革命文艺的发展，已成为当代马克思主义文艺理论的重要文献。

如何运用《讲话》的思想，如何学习、研究延安文艺运动成功的经验来繁荣当代文艺创作，成为文艺界有持久魅力的研究课题。不论是强调“二为”方向（文艺为人民服务、为社会主义服务）和“双百”方针（百花齐放、百家争鸣）还是强调“深入生活”和“普及与提高”，不论是强调“继承传统”还是“借鉴西洋”等，都在毛泽东思想原则指导下推动着中国文艺创作的健康发展。“二为”方向和“双百”方针是社会主义文艺创作繁荣的根本路线。

坚持以人民为中心的创作导向和为人民服务的宗旨是党的几代领袖共同倡导的文艺方针。

毛泽东同志在《讲话》中指出：“为什么人的问题，是一个根本的问题，原则的问题。”

邓小平同志 1979 年《在中国文学艺术工作者第四次代表大会上的祝词》中指出，“我们的文艺属于人民”“人民是文艺工作者的母亲”“文艺工作者还要不断丰富和提高自己的艺术表现能力。所有文艺工作者，都应当认真钻研、吸收、融化和发展古今中外艺术技巧中一切好的东西，创造出具有民族风格和时代特色的完美的艺术形式”。

江泽民同志 1991 年 3 月 2 日在党中央邀请文艺界知名人士座谈会上的讲话中指出：“在人民的历史创造中进行艺术的创造，在人民的进步中造就艺术的进步。”

胡锦涛同志《在中国文联第九次全国代表大会中国作协第八次全国代表大会上的讲话》中指出：“只有把人民放在心中最高位置，永远同人民在一起，坚持以人民为中心的创作导向，艺术之树才能常青”。[①]

习近平总书记于2014年10月15日《在文艺工作座谈会上的讲话》中指出，“社会主义文艺，从本质上讲，就是人民的文艺。……满足人民日益增长的精神文化需求，必须抓好文化建设……要跟上时代发展、把握人民需求，以充沛的激情、生动的笔触、优美的旋律、感人的形象创作生产出人民喜闻乐见的优秀作品，让人民精神文化生活不断迈上新台阶”[②]。“中华优秀传统文化是中华民族的精神命脉，是涵养社会主义核心价值观的重要源泉……增强文化自觉和文化自信，是坚定道路自信、理论自信、制度自信中的题中应有之义。”[③]习近平总书记的讲话精神与时俱进，充分体现了马克思主义的认识方法论，是指导当代文艺工作和文化建设的纲领性文献。

陕西文化艺术的繁荣发展，始终是在《讲话》精神的指导下，在不同时代创作生产出了许多优秀的文艺作品。以音乐为例：20世纪40年代的革命歌曲《东方红》《军民大生产》《黄河大合唱》《中国狂想曲》《延安颂》《南泥湾》《翻身道情》等，秧歌剧《兄妹开荒》《十二把镰刀》《夫妻识字》等，新歌剧《白毛女》《赤叶河》《刘胡兰》等，展现出延安文艺的空前繁荣景象。

---

① 胡锦涛：《在中国文联第九次全国代表大会中国作协第八次全国代表大会上的讲话》，《中国青年报》2011年11月23日。

② 习近平：《在文艺工作座谈会上的讲话》，《人民日报》2015年10月15日。

③ 习近平：《在文艺工作座谈会上的讲话》，《人民日报》2015年10月15日。

新中国成立以来，有20世纪50年代的《十唱共产党》《延河大合唱》《绣金匾》，歌舞音乐《边区人民纺线线》《背矿员》《喜开镰》《老两口比干劲》《花儿与少年》；70年代的《山丹丹开花红艳艳》等五首革命民歌以及歌舞剧《兰花花》等；80年代的《仿唐乐舞》《长安乐舞》《秦俑魂》《大唐盛世》等优秀作品。

改革开放以来逐步形成的陕西文化品牌，如“文学陕军”“长安画派”“黄土画派”“长安乐派”“秦派民乐”“陕北民歌”“西部影视”“三秦书法”“陕西戏剧”等成为陕西文化强省的标志和名片，受到广大人民群众的赞誉，获得了海内外文化艺术界的广泛认同。

笔者认为，中国文艺的创新发展无传统则无根基，失掉民族传统则不可能有民族风格；无现代文化汇入，脱离现实，则无时代精神，更无中国气派，也就失掉了“二为”的可能。在当今新时代文化的发展中，中西文化相互撞击与交融的现实背景下，唯有坚持毛泽东文艺思想、坚持习近平新时代文艺方针，认真学习总结延安革命文艺的成功经验，“以史为鉴、以史育人”，大胆学习借鉴一切有益于发展社会主义新文化的各国人民创造的历史的、现代的优秀文化，才能在新的历史时期得到新的发展，结出新的硕果。总之，一定要在两个《讲话》的精神指导下，提倡实干，直面现实、着眼未来，为社会主义文化艺术的大发展、大繁荣做出新的贡献。

（原载《音乐天地》2022年第6期）

百年新征程中的历史纪念与思考

侯　颉

一、由“纪念”而想到的

毛泽东同志《在延安文艺座谈会上的讲话》(以下简称《讲话》)发表已经过去了整整80年，每年我们都在纪念，这是为什么？

首先，我想我们需要对“纪念”这个词做一个深度的思考，这个“纪念”并非简简单单地对一个人或物的留恋、怀念，也不仅仅是因为毛泽东当年在延安那个特殊的历史环境下谈到了与我们的专业和文艺功能相关的一系列问题，而更重要的是它有着非常不一般的历史定位问题。

1942年前后，在抗日战争的历史大背景下，中华民族面临着的是生死存亡、生灵涂炭，许多热血青年怀着为革命做贡献的信心和勇气，从四面八方奔赴延安，当时有一句话说：“打断骨头连着筋，爬也爬到延安城。”而当这些热血青年们到了延安以后，以极大的热情通过文艺的形式参与文艺表演实践、文艺创作、革命宣传中的时候，却发现他们筹备、组织和演出的很多著名的戏剧作品，诸如果戈理、契诃夫的名篇、名剧，并没有产生相应的影响，甚至遭到当地群众的排斥。这些年轻人的思想、认识乃至工作态度一时陷入迷茫之中。

而与此形成鲜明对照的是，1942 年 5 月，中共中央在延安杨家岭组织召开了文艺座谈会，毛泽东和中共中央其他领导人三次莅临会议，并在开幕式和闭幕式上两次发表重要讲话（延安《解放日报》把两次讲话合在一起，在 1943 年 10 月 19 日鲁迅逝世纪念日以《在延安文艺座谈会上的讲话》为名公开发表）之后，延安掀起了轰轰烈烈的新秧歌运动，通过对旧艺术形式的改造与创新，创作出了一大批与当时革命斗争现实联系紧密的新秧歌作品，催生了我国第一部民族新歌剧《白毛女》。《白毛女》的成功创作与演出在我国近现代音乐史上具有非凡的意义，它不仅标志着《讲话》的重要思想引领力，而且奠定了我国现实主义歌剧发展的道路，开辟了中国民族歌剧创作的新阶段。后来陆续又出现了《小二黑结婚》《王贵与李香香》等作品。

通过上述两方面举例是想说明，《讲话》的横空出世，最大的作用和意义就在于它明确地给出了在当时新民主主义条件下，结合大的历史背景和革命斗争现实需要所确定的为工农兵服务的文艺发展方向。延安时期，中国共产党的发展历史还很短，当时的中国人民以及在延安的工农兵群众并没有足够的文化自觉或者足够的觉醒意识，参与到转变中国革命大方向的进程中，所以，需要用文艺来唤醒他们，用文艺来教育他们，用文艺来组织他们，换句话说就是要用文艺团结起全中国人民一道进行民族抗战。因此，毛泽东在《讲话》中才会说到我们有两个军队的问题——“手里拿枪的军队”和“文化的军队”。前一个军队是革命的武装力量，而后一个军队则是革命的宣传和精神思想力量。这一点非常重要，它不仅确立了文艺宣传的思想核心地位，也确立了新民主主义革命时期文艺发展的基本走向，这就是毛泽东在《讲话》中陆续阐述的一系列关系紧密、逻辑有序的思想认识指引，以“为什么人”的问题为思考和讨论的切入点，一步步延伸到“如何为”的问题、党的路线和文艺工作的问题、文艺的普及与提高的问题、歌颂与暴露的问题等。

另外，纪念《讲话》发表 80 周年，势必会联系到 2014 年习近平总书记在北京召开的文艺座谈会上的讲话。与延安文艺座谈会时隔 72 年，北京文艺座谈会的背景是中国即将迎来百年历史新征程、全中国人民即将迈入新时代发展新路径。这个新时代不仅有高楼大厦、飞机高铁、登月探月计划、微信融媒体等举世瞩目的伟大科技成就，还有着面临世界第四次工业革命、人工智能、数据信息爆炸，以及西方敌对势力对中国经济的围堵、国外利益集团对中国全方位的打压、政治意识形态上对我们的诋毁与渗透、防止中国和平崛起等前所未有的复杂形势与严峻考验。那么，在这样复杂的历史背景下，我们再一次谈到文艺，此时文艺的职能是什么？我们似乎总会很轻易地说，国家发展了、时代进步了，党就是人民的底气，国家就是人民的后盾。但我想反过来说，在当前的大时代、大背景下，人民更是国家的底气，人民更是党的底气。党和人民、国家与人民是鱼和水的关系，这就是习近平总书记反复强调的“以人民为中心”的社会主义核心价值理念。这与 80 年前毛泽东在《讲话》中所提到的工农兵以及以城市小资产阶级劳动群众和知识分子为代表的人民群众是一脉相承的。80 年前我们的文艺是为人民群众的，80 年后的今天，我们的文艺同样是为人民群众的，我们要“坚持以人民为中心的创作导向”，才可以满足人民群众日益增长的文化需要，才能无愧于这个时代。

在百年未有之大变局中，我们需要用文学、美术或音乐再一次将全民凝聚起来，传承中华民族优秀的传统文化精神，彰显中国人的文化自信和奋斗精神，在弘扬我们的社会主义核心价值观基础上体现艺术的真善美，以共同应对当前复杂的国际局势。尽管不同的时代在文化需求上有着不同的要求，也必然需要做出相应的调整和变化，这种调整和变化势必要求我们以满足当下人民日益增长的对美好生活的向往为目标，运用各种文艺手段讴歌这个时代，讲好中国人的故事，彰显新时代的伟大精神。

二、由“纪念”引发的思考

下面我想针对新时代的文艺发展问题谈一下个人的思考。作为一所高等音乐艺术院校的教师，我们不仅承担了社会文艺团体的音乐表演职能，更需要真正履行高校立德树人的天职。这就涉及教学、研究、创作、艺术实践、社会服务等不同方面，在此我想重点谈一下创作。

第一是作品创作着眼点的改变。我们应该从着重对个体精神内涵的舒展转向对人民大众群体共同性、普遍性的思想情感的挖掘。结合当下的人、事、物以及情感的交流与传递，用文艺记录时代，用歌声讴歌人民，将个体实实在在地纳入人民大众这个共同体中。

第二是作品风格的改变。由简单的呼唤、颂扬、高歌转向蕴含、启迪、温润，让文艺的情感展示有温度，让文艺的思想精神内涵有深度，滋养人心，乐化人民。

第三是创作者永远要做时代的先驱。作为文化的缔造者、设计者、创新者，创作者的角色和作用就是通过个体的体验对事件、时代、社会发展做出有深度的情感表达和思考。习近平总书记在谈到我国的文化现象时说“有‘高原’缺‘高峰’”，缺少能够真切地反映这个时代的精神、感人至深、美感充分的艺术作品。这就提醒我们，如何充分发挥艺术院校的优势，充分利用既有的高原条件，融合人才培养、科学研究、艺术创作，积极推出能够彰显时代精神的精品佳作。而要做到这些，创作者就要具备时代责任感、肩负时代使命，积极走入人民大众生活，了解和感悟人民所需、所想、所思，写出的作品既要接地气，也要用鲜活的艺术语言、真切的情感反映这个时代的精气神。

我想强调的是，我们正处在一个跨领域、跨文化、跨群体甚至跨时代的社会信息融合的大格局中，我们的艺术家、我们的艺术教育工作者要具备宽阔的认识视角和前瞻性的理念来看待中国新时代文艺的发展，既要环顾中华优秀传统文化给予我们的丰富营养，也要放眼世界寻求新的资源和创新点，为此，我们的艺术创造才能在打通不同领域、不同文化、不同群体、不同时代的大前提下寻找到努力前进的方向。正如习近平总书记所要求的那样，“作家艺术家应该成为时代风气的先觉者、先行者、先倡者，通过更多有筋骨、有道德、有温度的文艺作品，书写和记录人民的伟大实践、时代的进步要求，彰显信仰之美、崇高之美，弘扬中国精神、凝聚中国力量，鼓舞全国各族人民朝气蓬勃迈向未来”①。

［原载《交响（西安音乐学院学报）》2022 年第 2 期］

①习近平：《在文艺工作座谈会上的讲话》，《人民日报》2015 年 10 月 15 日。

《在延安文艺座谈会上的讲话》与音乐创作

最美的旋律来自生活　最好的作品献给人民

——纪念毛泽东同志《在延安文艺座谈会上的讲话》发表80周年暨新时代音乐创作座谈会发言

王宏伟

非常高兴参加今天的座谈会。大家相聚于此，纪念毛泽东同志《在延安文艺座谈会上的讲话》(以下简称《讲话》)发表80周年，这是一件非常有意义的事情。80年前，毛泽东同志提出了以人民为中心进行文艺工作的思想，重点强调了文艺是“为什么人”和“如何去服务”的问题。8年前，习近平总书记在文艺工作座谈会上强调，“坚持以人民为中心的创作导向，努力创作更多无愧于时代的优秀作品”。两篇《讲话》前后相隔72年，时代变迁了，语境演化了，问题更新了，但两篇《讲话》都紧紧围绕着文艺“为人民”这个中心，都注重文艺家的核心价值观和审美观的培养，都强调马克思主义文艺观的指导作用，都期望文艺作品能带有中国作风和中国气派。今天重温《讲话》，我们仍然能产生强烈的思想共鸣。

回顾自己的艺术实践，我有深刻的认识和体会，那就是“最美的旋律来自生活，最好的作品献给人民”。下面，我和同行专家们主要交流两方面体会。

一、优秀的艺术作品一定来自生活，文艺工作者就是要用真情谱写时代强音

我从小生活在新疆的边境线上，听到的是边疆少数民族代代相传的民歌，看到的是边疆人民淳朴的生活，他们伴随着我童年的成长。成为职业文艺工作者后，无论去到哪里演出，在我的个人音乐会上都会演唱这些耳濡目染的《在那遥远的地方》《都达尔和玛利亚》等作品。在之后的专业舞台上，我与不同的词曲作家合作了很多经典作品，比如家喻户晓的《西部放歌》《儿行千里》《故乡有话告诉你》《口碑》《喀什葛尔女郎》等，这些作品的传唱度都非常高，这正是生活和人民带给我的宝贵财富。

算起来我与陕北有过三次结缘。1994 年第一次陕北之行，那种黄土情深和黄土高原上孕育出来的淳厚、质朴、热情的民歌的独特魅力，深深打动了我。第二次陕北之行是 1998 年到延安演出，“儿回回梦里回延安，双手搂定宝塔山”，随着演出而参观的每一处革命旧址，都让我联想起当年如火如荼的革命盛景，内心久久不能平静。第三次结缘对我的演出生涯具有重要的意义，那就是 2008 年我在延安演出了我的第一部歌剧《米脂婆姨绥德汉》，在近两个月的创作、排练、演出过程中，我走进陕北人的生活，

学陕北话、跳陕北舞、吃陕北饭，很好地塑造了人物形象。演出很成功，一个月后我们走进了中国国家大剧院。

另外，歌曲《一个都不能少》是一部专门为新中国成立70周年创作的作品，在人民大会堂首演。这首歌具有浓郁的陕北风格，高亢明亮，气势恢宏，描绘了西部脱贫攻坚战取得决定性胜利的生动画卷。它不单单是一首声乐作品，更是通过艺术的力量，表达我们对新时代的决心和信心，体现了鲜明的时代意义。

《西部三部曲》和《一个都不能少》的创作都是扎根人民、源于生活，体现了“生活就是人民，人民就是生活”的艺术创作规律，人民是真实的、现实的、朴实的。正如习近平总书记在中国文联十一大、中国作协十大开幕式上的重要讲话中指出的：“希望广大文艺工作者坚守人民立场，书写生生不息的人民史诗。源于人民、为了人民、属于人民，是社会主义文艺的根本立场，也是社会主义文艺繁荣发展的动力所在。”[1]

二、艺术必须为人民大众服务，文艺工作者就是要用优秀的文艺作品抒发百姓心声、讴歌时代样貌

《讲话》强调文艺工作者必须长期地、无条件地、全心全意地到工农群众中去，到唯一的最广大、最丰富的源泉中去。这一重

① 习近平：《在中国文联十一大、中国作协十大开幕式上的讲话》，新华社，2021年12月14日。

要思想深刻揭示了文艺创作的规律。在我看来，为人民放歌、为人民抒情，是我们坚定不移的艺术创作方向。近 15 年来，我先后主演了近 20 部原创民族歌剧，从《雪白的鸽子》到《米脂婆姨绥德汉》，从《小二黑结婚》到《悲怆的黎明》，还有《运河谣》《阿凡提》《二泉》《尘埃落定》等，塑造了不同的戏剧舞台人物形象，并积极探索全新的表演范式和民族歌剧表演体系的创新规律。

2021 年适逢中国共产党成立 100 周年、中国工农红军长征胜利 85 周年，国家大剧院原创中国史诗歌剧《长征》拉开第十轮演出大幕。我在剧中饰演红军战士平伢子。在过去 5 年间，演出近 50 场，同时于 2021 年出版了全媒体出版物，全方位、立体化地呈现了红军二万五千里长征的艰苦历程。试想观众为什么喜欢？我想是一个个鲜活的革命人物形象给大家留下了深刻的印象，更重要的是我们记录下了峥嵘岁月里永不磨灭的革命精神。

歌剧《半条红军被》讲述了红军与群众的军民鱼水情，我在剧中饰演基层指挥官郑秋收，该剧荣获“2020—2021 年度‘中国民族歌剧传承发展工程’重点扶持剧目”。

在歌剧《同心结》中，我饰演黄继光。为塑造人物形象，我查阅书籍，走访英雄故里，扎扎实实体验生活。采风回来，我的内心久久不能平静，如果不把这样的英雄演活了，就对不住英雄，对不住那样年轻的生命！这部剧演出难度大，舞台有 40 个台阶，总高度近 6 米，对演员的体力是很大考验。在舞台上翻滚排练一天下来，我的身上经常青一块紫一块，当时没察觉，演出后感觉膝盖疼得厉害，才发现长时间剧烈跑跳导致膝盖受伤。经过紧张密集的排练，《同心结》顺利演出。谢幕时，观众激动得眼含热泪，起身鼓掌致敬。这次演出让我深受触动，对英雄更加理解和尊敬，整个排演全程成为我靠近英雄、涤荡灵魂的过程。

2022 年 4 月，国家大剧院首部民族歌剧《运河谣》迎来第六轮演出，我在剧中饰演一介书生秦啸生。该剧以京杭大运河为故事背景，展现了运河所见证的善恶生死、义薄云天，讴歌了舍己为人的人性大爱。该剧自问世以来，历经五轮热演，剧中《我们是运河的流水》《灿若星辰的目光》《你在哪里啊，红莲》等唱段被广为传唱，成为广大观众心中的经典。

今后，我们还要在《讲话》精神的指引下，努力创作出更多更好的作品，以源于生活又高于生活的艺术创造，塑造更多吸引人、感染人、打动人的艺术形象，把最美的旋律献给人民。我想，这应是所有文艺工作者一辈子坚守的事情。

[原载《交响（西安音乐学院学报）》2022 年第 2 期]

《在延安文艺座谈会上的讲话》对中国民间文化遗产整理和民族器乐创作的深远影响

乔建中

一

记得从上大学起，我们就开始读毛泽东《在延安文艺座谈会上的讲话》(以下简称《讲话》) 了，平时读，“逢五”“逢十”更要读。有时为了参与某些专题讨论，有时为了自己的学术研究。究竟读了多少遍，已经很难有精确的回忆。每读一次，总会用《讲话》的精神思考审视当时中国文艺的现状，或者反思自己的文艺观、艺术实践方面存在的某些不足。因为，对于中国革命文艺运动而言，《讲话》是一部具有重大历史意义的纲领性文献，同时，《讲话》也奠定了新中国文艺发展的基本方向，使得“文艺为大众”这一信念，贯穿到全国绝大多数的文艺工作者创作、研究之中。对于我们这些从事艺术学研究的学人而言，《讲话》更是我们日常考察研究实践的精神动力。

《讲话》内容所涵盖的领域非常广泛，论述深刻的段落也非常之多，其中对我个人影响很深的一段话是："人民生活中本来存在着文学艺术原料的矿藏，这是自然形态的东西，是粗糙的东西，但也是最生动、最丰富、最基本的东西；在这点上说，它们使一切文学艺术相形见绌，它们是一切文学艺术的取之不尽、用之不竭的唯一的源泉。这是唯一的源泉，因为只能有这样的源泉，此外不能有第二个源泉。"这是《讲话》最著名的论断之一。今天再次重温，倍觉亲切可感。

下面，我想结合自己几十年来参与民族音乐遗产收集整理和关注当代民族器乐创作的经历，谈谈 80 年来我国在这两个领域所取得的巨大成就以及《讲话》引发的深远影响。

二

大家知道，自古以来，我国就有自觉整理民族文化遗产的传统，《诗经》、汉乐府诗、明清"歌谣"直至 1918 年开展的北大"歌谣运动"，3000 年间的四次大整理，为我们留下数以万计的民间之唱。遗憾的是，限于当时的记录手段和条件，它们绝大多数仅保留唱词而无曲谱。自 1938 年"鲁艺"成立伊始，就组建了"民歌研究会"，借此推动陕甘宁地区的民歌采集工作。"鲁艺"音乐家与此前的记录方法大不相同，即要求词曲同步、完整记录，背景信息力求详尽。1942 年《讲话》前后，更大规模的采录活动在陕甘宁边区全面展开。数年间，“鲁艺”音乐家就记录下了近3000首陕甘宁老根据地民歌[①]，这是在《讲话》昭示下前无古人的民歌采集运动。鉴于采录者以新的观念，即直接到民众生活中、面对面记下民间歌者的歌唱，力争词曲兼顾并保持其绝大多数信息的完整性和准确性，我本人将之称为“中国民间文化遗产的现代整理”，对于蕴藏丰富的中国民间文化遗产全面整理而言，其观念、方法、手段以及资料存储均具有很强的开创性意义。不仅为此后的文化遗产整理工作积累了丰富的经验，也在这一领域树立了典范。

1949年至今的70余年来，中国民族音乐文化遗产整理工作先后经历了全国性普查、集成编撰和非遗保护三个大的历史阶段。全国性民间音乐普查开展于1950—1960年。当时，以省区为单位，由每个省、市、自治区刚刚成立的“音乐舞蹈工作组”负责（部分为省“群众文化馆”），重点为民歌、器乐和歌舞。随之，陆续出版了数十种民歌选，其中有以省区命名者，如河北、山西、湖北、江苏、山东、江西、云南民歌等，这类最多；有以体裁命名者，如陕南山歌选、湖南山歌曲调选、东北森林号子、侗族大歌、维吾尔族十二木卡姆；有以大区命名者，如东北民歌选、西北民歌选；有以局部区域命名者，如内蒙古西部民歌选、东蒙民

① 请参阅中国民间文艺研究会编、中央音乐学院民族音乐研究所整理的《陕甘宁老根据地民歌选》，该选本在1938—1945年“鲁艺”师生采录的基础上加以选编，共收录陕甘宁地区民歌572首，分生活类（202首）、爱情类（260首）、传说故事类（51首）、新词类（26首）、杂类（33首），此选本全面反映了延安“鲁艺”民歌采录运动的成就，也成为80年来最具影响力的民歌选本。

歌选；以民族命名者，如藏族民歌、苗族民歌等，如果每本选集以 400 首计算，总数在 20000 首以上，很多选本都是有史以来的第一次整理出版。更重要的是，这些选本全部是通过实地采录所得，与延安“鲁艺”的方法、观念、取向一脉相承。通过 10 余年的大普查，将民歌文化遗产的记录整理又大大推进了一步。1959 年，以全国各民歌选集为基础，中央音乐学院中国音乐研究所编辑了历史上第一部包含全国大多数地区及多数民族、总共 389 首的《中国民歌》，它的编辑出版，反映了当时民歌界对全国民歌蕴藏、分布状况的整体把握。20 世纪 80 年代初，在各省市的支持下，上海文艺出版社与中国艺术研究院音乐研究所合作，又编辑出一套包含 2000 余首民歌的《中国民歌》四卷本，反映了这一阶段民歌遗产记录整理的显著成就。

有了全国普查的业绩，1962 年前后，已经担任中国音乐家协会主席、原“鲁艺”音乐系首任主任的吕骥先生提出编纂《中国民歌集成》的构想，很快得到各省市音乐工作者的响应。未久，由中国音乐家协会、中央音乐学院民族音乐研究所、音乐出版社三家联合发起，《中国民歌集成》编纂工作在 1963 年正式启动。当时的设想，仍然以省、自治区、直辖市立卷，每卷收录民歌 300 首左右。因为有普查的经验，湖北、山西、山东等省很快就编出初稿。非常遗憾，这次编纂工作随后就因“文化大革命”风暴的到来而半途中止。

1976 年，“文化大革命”结束，传统文化现代整理的大业再次被提上日程。1979 年 7 月，文化部、国家民族事务委员会、中国音乐家协会三个部级单位联合发文，要求全面启动民歌、舞蹈等“文艺志书”的编纂工作，并责成各省、自治区、直辖市分别成立编辑部，北京则设“总编辑部”。由于“集成”涉及几乎全部民间文化领域，类别甚多、内容浩瀚，收集、整理任务既大且重，故从 1979 年启动直到 2009 年基本出全，为了编撰“十部文艺集成志书”，全国 50000 多支“集成”队伍，花了整整 30 年。成为真正意义上的跨世纪文化工程。其规模、体量、耗时、参与者，前无古人。

我本人从 1982 年起担任《中国民间歌曲集成》全国编审组成员，先后审阅了近 20 种省市卷，每卷审阅结束，都要与各省、自治区、直辖市编辑部成员就省卷文字和乐谱进行反复交流讨论。在这期间，我最强烈的感受和收获，就是参与各地《集成》的地方文化工作者对本地民歌发自内心的钟爱和敬重，以及对编纂《集成》的高度责任感。有时为了一首民歌的取舍，大家会争论很久，如果被删去，他们会流露出很强烈的不舍之情。很显然，这是地方音乐工作者与民歌文化在长期的采录活动中建立起来的生命情缘。这是因为他们认识到“人民生活中本来存在着文学艺术原料的矿藏，这是自然形态的东西，是粗糙的东西，但也是最生动、最丰富、最基本的东西”这一真理。所以将自己的一腔热情全身心投入并坚持了数十年。最终让 300 卷“十部文艺集成志书”矗立于中国和世界学术之林，成为我们这个时代奉献给中华文化历史的一份宝典，一桩世界学术史上少见的文化整理伟业。

在“集成志书”编纂工程近于收尾之际，我们又于2001年迎来了联合国教科文组织在全球全面开展的“人类口头和非物质文化遗产代表作”传承与保护工程。从文化战略的角度讲，“集成志书”编纂与非遗保护有共同的追求，都是为了倡导并促进人类文化的多样性和保证传统艺术的健康生态，只是方法、目的有所区别。前者以文字、乐谱记录整理的方式达到民族文化的静态保存的目的，让民间文艺以典籍形式呈现其历史文化价值，供当代和后世充分利用。后者是由于现代社会生产、生活方式的不断改变而使一些原本富有活力的民间文化渐次式微甚至消失，故需采取多种保护措施将它们“激活”，并以“文化传承”为导向，让它们回到民间社会的日常生活中来。为此，一方面在“集成志书”文本的基础上，建立各非遗代表作的“四级名录”和“四级传承人名录”体系；另一方面又于2011年颁布了中国有史以来第一部《中华人民共和国非物质文化遗产法》。前者的实施，明晰地体现了中国非物质文化遗产的丰富性和完整性，后者以立法形式为非遗保护传承提供了最有力的法律保障。

总之，从“集成志书”到非遗，是民族文化整理、传承过程中两个各有侧重的阶段。“集成志书”重在整理，非遗意在保护；但整理也是一种保护，只是它采取“书写”记录的方式；而保护同样有整理的意义。具体说来，如建立四级名录体系、四级传承人名录体系，同样是一种“现代性文化整理”。难得的是，我们经过近半个世纪的努力，就使中国文化遗产的整理、保护工作获得历史性的进展，因为有这样的进展，从文化部门的主政者到广大民众、从文艺工作者到民间传人，大家的文化自觉和文化自信均有了提升，这可以说是近半个世纪间“集成志书”与非遗文化工程的最大收获。

三

下面，我想再谈谈我国民族器乐创作的丰硕收获。

从古到今，我国积累了丰富多样的器乐文化资源，也流传着上百种地方乐种。它们同样成为当代音乐创作取之不尽、用之不竭的源泉。1949 年以后，随着很多地方乐种被发掘、记录，借助传统乐器的改进、改革，民间器乐资源的收集整理和民族器乐创作活动并进、成果累累。

与民间歌曲一样，民间器乐在 20 世纪五六十年代也有过一次乐器、乐种的普遍调查和专题考察，领头者则是中央音乐学院民族音乐研究所和各省市音乐工作者。其所获成果，为 20 世纪 80 年代以后的《中国民族民间器乐曲集成》的编撰提供了某种范式和学术经验，30 年后，全国 31 个省、自治区、直辖市的《中国民族民间器乐曲集成》顺利编纂完成，成为中国民族器乐资源现代整理事业的一部宝贵典籍。

2000 年，中国民族管弦乐学会利用本学会二胡专业委员会的人才优势开始编撰《华乐大典 · 二胡卷》，该卷自 2010 年出版后，备受业界称赞，于是又开始编撰琵琶、古筝、打击乐、笛子、扬琴、唢呐、三弦、阮、板胡、高胡10种乐器的分卷，于2016年基本出齐。每卷篇幅从100万字到200万字（包括谱面）不等，共11卷31册。诸卷所涉内容，皆以20世纪以来专业器乐艺术的理论研究、新创曲目、音乐家、大事记、乐器改革为主。重点突出20世纪中国民族器乐艺术专业创作、专业教育、理论研究、乐器改革诸领域的成就。该典籍与《中国民族民间器乐曲集成》相互映衬,《器乐曲集成》偏于传统,《华乐大典》重在现代，成为中国民族器乐艺术典籍的姊妹篇。

民族器乐遗产的整理如此，创作领域如何呢?

限于历史条件，1949年以前的民族器乐作品，大多数是历史传承下来的各类民间器乐乐种，经民间大众的千年呵护，种类甚多，蕴藏丰富，始终保留着它们的自然状态。但原创类、反映当代生活的合奏、独奏、重奏新作数量不多，大型管弦乐和协奏曲几乎没有。新中国成立以后，上述体裁的民族器乐作品开始大量涌现。与此同时，北京、上海先后组建了几个大型民族管弦乐乐团，现代民族器乐的创作由此拉开帷幕。

我在这里不打算展开论述，只想借助几组统计数字略窥其全貌。中国香港龙音制作有限公司刚刚推出的供内地及国外主要国家使用的“网上资料馆”(音视频+繁体中文+简体中文+英文)，2022年用浓缩版试行，2023年正式面世。其收录作品的数量为5000部（包括独奏、合奏、重奏、协奏等)，这5000部作品是他们用了 50 年时间收集起来的；1977 年成立的香港中乐团目前保留了 2400 部乐队总谱；1952 年成立的上海民族乐团，1960 年成立的中央民族乐团等存储的乐队总谱，大概都在 2500 部以上。这些作品除了改编的民间乐曲，大多数是由当代作曲家、演奏家们创作的，每一部作品的创作也都是他们深入民间倾听不同地区民间器乐的演奏，再根据自己的作品主题汲取民间元素创作完成的，尤其是一些大型作品，很少有作曲家坐在家里完成。几乎每一位作曲家都把火热的现实生活当成开启写作灵感的“第一师”。

即此，我想特别举出近年来间接参与大型民族管弦乐组曲《永远的山丹丹》的切身体会。这部作品的作者王丹红博士，年纪虽轻，但 10 余年来，她已经为多个省市写了多部民族管弦乐作品，例如为四川写了《太阳颂》（2013），为重庆写了《大地悲歌》（民族清唱剧，2016），为山西写了《山西印象》（2016），为吉林写了《高粱红了》（2018）、《大爱长白》（2018），为京津冀写了《畅想京津冀》（民族交响合唱，2019），为江苏写了《大江南》（交响乐队曲，2019）等。《永远的山丹丹》启动于 2017 年年初，此前，王丹红没有去过陕北，对陕北民间音乐的所知仅限于几首流传较广的民歌。但答应写这部作品后，她立即两度前往陕北进行实地考察，观赏陕北大秧歌，直接与陕北的歌手、说书人、唢呐乐人、小曲唱家、二人台艺术家们广泛交谈、用心倾听，积累了许多现场感受。回到西安后又与我两次深度交流，从整体上了解陕北高原的民俗文化，探究陕北音乐的区域性特色。返回北京后，又把自己“关”在家里，一边反复听音频、看视频，一边进入痛苦的构思，最终于8月交出总谱。此后，排练曲目、在西安音乐厅首演、进国家大剧院首演获观众高度肯定，再后来，获文化和旅游部扶持计划到全国部分城市巡演、受新加坡邀请出国演出，最终荣获“百年百部”的殊荣，成为唯一入围这一奖项的民族管弦乐作品。这就是我所知道的《永远的山丹丹》的创作过程，也可以看成王丹红多年创作多部作品的一个缩影。

《永远的山丹丹》屡获嘉誉，缘于几个因素：1. 民间元素的创造性运用。作者在不同乐章中“化用”《黄河船夫曲》《泪蛋蛋》《三十里铺》《兰花花》等经典民歌的音调，极大地强化了作品的地域风格和艺术感染力。2. 将陕北说书《刮大风》直接呈现为一个独立的乐章，加上乐队的完美“拼贴”“陪衬”，使该乐章妙趣横生，鲜活感人。3. 作者在整体结构上精致铺排，使各乐章既联系紧密，又对比强烈——娴静与热烈、细腻与粗放、庄重与诙谐，被组织在一个宏大的叙事结构中，80分钟的音乐，舒展流畅、大气磅礴，构成一幅壮美的高原音乐画卷。

总之，《永远的山丹丹》的创作，乃一位年轻的作曲家响亮回应当代社会对音乐创作的基本诉求：到群众中去！为人民大众而写，努力与时代脉搏相呼应！

以上仅个人感言，请批评指正。

[原载《交响（西安音乐学院学报）》2022年第2期]

《在延安文艺座谈会上的讲话》精神的再思考

韩兰魁

毛泽东同志是中国革命事业的领袖，他认为我们的革命事业面对两个战场：一个是硝烟弥漫的战场，另一个是没有硝烟的文化战场。革命事业若要成功，就必须在两个战场都取得胜利。他曾说，没有文化的军队是愚蠢的军队。

毛泽东同志不仅是伟大的政治家、军事家，还是诗人，他的诗作大气磅礴，彰显着民族豪气。他对艺术充满热情，观看《黄河大合唱》的首演，在演出结束后，连呼三个“好”字，这使这部作品在诞生之初就有了很高的社会认同和起点。

抗战爆发后，延安吸引了大批知识分子，其中有相当一部分是文艺工作者，他们为延安带来了许多的戏剧名著，如曹禺的《日出》《雷雨》、夏衍的《上海屋檐下》、果戈理的《钦差大臣》等，这些虽然都是名著佳作，但与当时国内的抗战形势以及延安老百姓的接受能力有一定的距离。《在延安文艺座谈会上的讲话》（以下简称《讲话》）就是在这种背景下诞生的。座谈会上提出的“二为”方向，与中国共产党为人民服务的建党宗旨一脉相承。如果说“二为”方向提出了艺术“为什么人”和“如何为”的问题，新中国成立后提出的“百花齐放、百家争鸣”“古为今用，洋为中用”，则是艺术的创作方针和原则。这些一并构成了中国共产党文艺政策的系统框架。《讲话》以来的创作实践，体现了广大文艺工作者探寻到了艺术创作的无限空间，感受到了艺术来自生活，又高于生活的升华过程。

我是一名音乐教育工作者，也是一名音乐创作者。从学生时期到青年教师时期，创作了很多作品，今天看来，这些作品大都是学习作曲技术，特别是学习西方现代技法的实践，主题往往都是个人心绪的表达，有些作品虽然在作曲界获得好评，但缺少更高的立意，更谈不上有自己的风格。

1991 年，西安音乐学院为准备 1992 年纪念《讲话》发表 50 周年的音乐会，学校组织作曲系教师赴陕北采风，让我有机会了解到了治沙英雄牛玉琴的感人事迹：牛玉琴是陕北一位朴实的农民，家境困难，丈夫身体不好，婆婆生活不能自理，孩子当时还很小，日子过得很艰难。为了生活，她选择承包百万亩沙地的植树项目。一棵树国家能补贴很少的津贴，但总算能够维持生活。让我感动的是牛玉琴一开始植树是为了生活，可当她看到沙地变绿时，她最初的动机和感情升华了，有了从未有过的人生理想，她要用自己的汗水和泪水浇灌干枯的沙漠，要让沙漠变成绿洲。正是有了更多的“牛玉琴”，毛乌素沙漠已被联合国改质为毛乌素沙地，这是何等的人民力量啊！叫我如何不歌唱！采风回来后，我写了合唱交响曲《绿色的呼唤》，写作过程中治沙英雄的故事多次让我泪流满面，六个乐章的交响曲一气呵成，我真正体会到了创作灵感和情感的融汇。特别是想到有多少人为了绿色献出青春，献出生命，我专门用心写了一大段悼歌，纪念他们，颂扬他们！作品首演后受到各界人士的好评！北京、上海等地的交响乐团也多次演出该曲目，2012 年，该作品获中国金唱片奖。

从《绿色的呼唤》开始，我的音乐创作不再为“写什么、怎么写”纠结，一种从未有过的开放式的创作理念慢慢在我的作品中生成。我对“古为今用，洋为中用”也有了更多的理解。

今天我校隆重召开纪念《讲话》80 周年的座谈会，是以《讲话》的精神鞭策我们，目的就是让我们这所具有红色基因的高等音乐学府，在新的时期发挥更重要的作用。

西安音乐学院早期领导柯仲平院长，是当年延安文艺座谈会的参与者，延安文艺座谈会的第二次会上，也就是 1942 年的 5 月 16 日，毛泽东同志和柯仲平同志有一段很长的对话。当时的诗人柯仲平在报告他领导的民众剧团到农村演出《小放牛》受到欢迎的情况时说：不要瞧不起《小放牛》，我们就是演《小放牛》，群众很喜欢，老百姓慰劳的鸡蛋、花生、红枣，我们都吃不完，装满了衣袋、行囊和马褡。毛泽东肯定了民众剧团的做法，同时又表示，如果老是演出《小放牛》，以后就没有鸡蛋吃了，对文艺普及与提高的关系提出了十分通俗的期望。

也许就是从西安音乐学院早期领导对《讲话》精神的理解和

认识，开创和奠基了西音的教育思想，形成了独特的西音风格。早在20世纪50年代，学院就不拘一格、广纳人才，在全国范围内诚邀多位没有学历的民间音乐家到西音任教，如唢呐演奏家刘长生、扬琴演奏家王沂甫、古筝演奏家高自成、琵琶演奏家杨少彝等，他们的到来，形成了秦派民乐的基础。今天看来，这些措施是多么的有远见啊！

当然，对于一所高等音乐院校来说，只有民间音乐的优势是远远不够的。在同一时期，学院还向国家申请了来自中央音乐学院、上海音乐学院的优秀青年教师和毕业生，如高士杰、刘畅标、陶立玲、屠冶九、饶余燕、江静等，他们的到来，强化了音乐学、钢琴、声乐、作曲等国际化专业的师资力量。可以说，当时西安音乐学院的学科布局，是按照《讲话》精神制定的培养方案，实施的教学内容。

我很庆幸自己能考入西安音乐学院，如果说今天我还有那么一点点成绩，都要归功于西安音乐学院对我的教育和培养，因为它是一个营养均衡、基因强大的“母体”。尽管它的名气不是很大，但我深知它的实力和潜力。愿《讲话》的精神不断激励西安音乐学院在新时期做出自己应有的更大的贡献！

［原载《交响（西安音乐学院学报）》2022年第2期］

新秧歌运动的历史作用及启迪 *

李宝杰

秧歌作为北方农民的自娱性歌舞活动，具有十分悠久的历史。秧歌被纳入新文艺运动的机制，由专业人员对其进行加工、改造、利用，使之摆脱民间自娱的拘囿，步入社会大文化行列，进而形成具有相应艺术规范的文艺表演形式，实为战时文化的一种体现，尤其是1942年毛泽东同志《在延安文艺座谈会上的讲话》(以下简称《讲话》)的发表，更为秧歌艺术的发展开阔了视野，增添了活力，可以说没有《讲话》就不会有新秧歌运动的真正兴起。

当今中国的文艺状况已有了翻天覆地的变化，新秧歌运动业已成为历史，但分析研究它却仍可从中获得一系列启示，本文着眼于此，目的是回视抗战时期民族音乐的区域性发展情况，更好地了解艺术和时代的特征。

---

*该文编入本《文集》时有修改。

一

历史的进程总是以其强烈的现实感引导着人的思维与追求，而思维与追求的结果，又以其高点上的认识和实践上的意义推动社会向前发展。

自“五四”新文化运动以来，音乐作为社会文化的组成部分，无疑紧随“五四”之精神，与其他姊妹艺术一道，高扬起新文化的旗帜，弃传统求变革，向世界文化发展高处看齐，为振兴中国文化做出了应有的努力。20世纪三四十年代，步“五四”之后尘，新音乐运动蓬勃兴起。国统区以左翼音乐家为核心，借助群众歌曲这一强有力的文艺手段，为抗日呐喊，为民族解放高呼，唤醒了多少麻木的心灵，激励了一大批热血青年。陕甘宁边区则直接在中国共产党的领导下，采取多种样式发展群众文化，为抗日做宣传，为丰富大众的生活服务。特别是20世纪40年代初，通过文艺整风运动，延安边区的文艺更是空前发展。“新秧歌运动”即是这一时期涌现出来的规模宏大、影响深远的群众性文艺运动。

秧歌及时脱颖而出，一方面是由于有深厚的群众基础，题材范围广泛，使用场合也较多；另一方面是因其形式多样，集歌、舞、剧为一体，诸因素交错互补，且生动活泼，群众喜闻乐见，可塑性强，给艺术家提供了施展才华的广阔天地。

那么，秧歌作为农民艺术是如何改貌换颜，注入新的基质，跻身于社会文化之林中的呢?

首先，取决于社会大环境的改变。抗日战争作为一项全民革命运动，不仅改变了时人的正常生活，而且也改变了其思想精神风貌。音乐文化无疑随之而运行，一是从思想内容上贴近社会主旋律，二是出于内容表现上的需要，从形式方面相应地进行变革。说到底艺术的本源在于生活，作为反映人之精神思想的手段，其最终是为了体现人的生存欲求，为人的自我实现作媒介。这里的“自我实现”非指个体，而是指集体意志，反映人所共有的向往与追求。战争成了社会转变的契机，它迫使人同时也要求人重新加深生存认识，目的不只是建立一个新家园，也在于精神思想的重新建构，结果催促了艺术新生命的诞生。所以，我们说社会大环境的转变是促使秧歌艺术从民俗走上社会文化主流层面的主要原因之一。

其次，取决于艺术主体的思想认识。任何一种民间艺术，都是以表现生存为目的的。生存问题维系在民间艺术诸形式里，成为民间艺术赖以存活的灵魂，是民间艺术追求的初始也是终极，无论诗歌、舞蹈，还是小戏、剪纸，尽管其形式各异，但表现的共有主题却不外乎“历史传说、婚丧嫁娶、世态人情”，凡此种种都与“生存意识”紧密联系在一起。这就是我们无论面对何种民间艺术形式，都会感受到它那浑身洋溢着的勃勃生机，从其内部都会感悟到那纯朴的原始生命力。所以，我们说“生存意识”是民间艺术表达的主旨，也是艺术主体思想认识的基本点。战争使生存问题越发凸显出来，打破了常规，改变了传统的思维定式，“历史传说、婚丧嫁娶、世态人情”这些生命的外在形式已不具有主导地位，而如何维护生命的基本形式——生存状态，则成为人的第一需要。奋起反抗加入斗争的行列中，其中心虽依旧围绕在生命的基本形式上，但在生存前提下的具体行为方式却与过去不同，即不再是田园牧歌、风情世故，而是在斗争中求取生存。

至此，可以说秧歌得益于当时的社会，并非完全由于自身的艺术价值，因为倘若抛开时代需要以及后来秧歌艺术的深层发展，仅从其原本面目来看，不过为农村风俗文化的一种，作用是为民俗世事，而不具有广泛的社会价值。迫使其改变的原因，应该说是来自社会大环境动荡的作用，当然也在于艺术主体的思想认识，两者有机地联系在一起，构成了一个完整的时代文化基点，这就是从社会实际出发，一切围绕着社会需要而发展。而社会需要的根本在于革命，那么，艺术宗旨也就是为了革命。革命使秧歌改貌换颜获得新生，革命为秧歌注入艺术新质使其走向社会文化的主流层面。

二

“民族传统文化是民族历史发展过程中形成的思想意识、伦理观念、道德规范、艺术情趣、风俗习惯等精神生活方式，是一种具有稳定性的文化现象（事实），是一个民族智慧、品性和创造力的综合结晶。”[①] 秧歌以民族传统文化下的风俗文化形态存活，在一定的区域里长期存在发展，上下绵延千年，成为一方风俗文化的动态显现。它深深地植根在民间，代表着一定的社会阶层，展现了其特有的精神生活方式。如迄今北方广大农村仍存有春节、正月十五“闹秧歌”之习俗。另外，它具有惊人的稳定性，时世迁移、更朝换代并未使之发生多大的变化，在一定程度上成了民族文化的历史积淀。但这不等于说秧歌艺术就颇有成就，可视为一代民间音乐典范。事实恰恰取决于两方面，尽管其或可说是凝结着“民族的历史、现时和未来，体现了民族实体存在的稳定性、连续性、统一性及内在的生命活力”[②]，但由此暗含着的“历史局限性、过时性和阶段性”却成了致命的弱点，以致造成相当大的发展阻力和障碍，成全了来自传统的惰性。这就是长期以来，尽管民间社会热衷于此道，但并不能使其真正有所提高和发展，从根本上脱离不了“自娱”的狭隘性质，从而难以上升到社会普遍的文化氛围中来的原因所在。

抗日战争给秧歌发展带来了真正的转机。战争的目的出自革命，革命的目的在于建立一个新的社会有机体。随着旧的社会机

---

① 龙先琼：《关于如何对待民族传统文化的思考》，《吉首大学学报（社会科学版）》1991 年第 4 期。

② 龙先琼：《关于如何对待民族传统文化的思考》，《吉首大学学报（社会科学版）》1991 年第 4 期。

体的土崩瓦解，在其制度下的社会意识形态必然发生质的转变，以适应新时期新气候的需要，此为其一。其二是随着社会新环境的开创和建立，迫切需要一大批能够反映新时尚的文化做武装，以响应社会新思潮的倡导。这就要求新的文化品种具备浅显、通俗且易于学习与传播的特点，以利于新文化的快速成长。要达此目的，把目标对准现成的又便于改造的文化形式不失为一种良策。既可以借鉴传统文化，也可将眼光投向广阔的民间，同时再吸收一些外来的优秀文艺形式，三者有机地结合在一起，最终奠定了新文化建立的基础。所谓“古为今用，洋为中用”体现的就是这样的思想策略。不难看出，基于这样的认识，秧歌能够受到社会的普遍关注，则是显而易见的了。

秧歌被时代看中了，或者说秧歌被新文化接纳了，可充当新音乐家族中的一员。事实并非这么简单，其中还包含着“改造”的过程。被看中的是旧秧歌艺术中有机的成分，被接纳的是旧秧歌可改造能运用的一面。其他的如旧秧歌长期以来所固有的粗俗、简陋、思想内容上的不健康，以及不合时宜地沿袭旧戏曲程式化的因素，自然不在接纳范围之内。具体做法有以下几点：一是从思想内容入手，以表现社会新的倡导为主旨，将思想认识通过戏剧人物来反映。每一单个人物的思想发展，都围绕着全剧的主题来实现。二是从形式上入手，打破原有的程式化因素，从实际需要出发，无论唱词、音乐还是舞蹈动作、整体结构安排，都根据剧情的变化发展来设计。为适应特殊的环境，照顾不同的社会阶层，从整体上力求简单、明快、内涵深刻、情绪激昂等，以易于焕发普遍的社会热情。三是注入新的戏剧技巧，语言上讲究修饰，借用一些话剧的朗诵因素，音乐上多采用地方民歌素材，一些戏曲音乐也被改编使用，剧情发展逐渐走向曲折，反映矛盾冲突，使之更具有戏剧化的意味。由此，使得新秧歌比起旧秧歌来，除保留其原有的基本风格外，从形式到内容都获得了突破性的发展，在艺术上也得到了相当大的提高，不仅广大群众乐于接受，而且有知阶层也为之兴奋，形成创作上的多姿多彩局面。如秧歌运动初期就有各种不同特点的新秧歌剧诞生：《兄妹开荒》属音乐意识强烈，结构单纯，唱腔优美不落俗套，道白干练一类；《一朵红花》受话剧影响较深，人物性格有变化，道白甚多，属说唱剧一类；《牛永贵受伤》在结构、对白上极多地沿袭了旧戏曲的方式，在剧情故事编排、人物性格刻画以及表演方面又吸收了话剧的经验，可视为大秧歌剧等。

但其中包含着一个实质性的问题，即秧歌获得突破性的发展，是以秧歌被纳入戏剧化的轨道为标志的。我们知道，旧秧歌是以民间歌舞为基本形态的，古时视为“村田乐”，表演于村舍田头，为年节凑兴，为民俗服务。尽管表演者也多饰扮相，踏着曲调扭舞作态，伴有唱词，一领众和，甚或含有情节、小戏的因素，可作“过街”“大场”“小场”等类型过程之分，但均脱不出民间歌舞的性质，与戏剧形态相去甚远。新秧歌艺术与此不同，并未拘泥于原有的样式，而是保留其精华，加入戏剧因素，使之深化发展，提高进入戏剧的行列中，从实质上改变了旧秧歌的面貌，一跃成为综合舞台艺术的一种。

《白毛女》的创作完成，可说是新秧歌艺术发展的峰峦。尽管其实属民族歌剧范畴，但从创作上来看，它是建立在新秧歌基础之上的。可说是新秧歌运动和新秧歌创作均已获得丰富经验的体现，它虽超越了新秧歌自身，但其整体无不透露着新秧歌艺术的痕迹。与新秧歌有所不同的是，《白毛女》结构更加庞大完整，剧情发展复杂多变，戏剧冲突愈显激烈，并运用了主题音乐写作，赋予主人公特定的唱腔旋律，且加有合唱。然仍含有秧歌的一些惯用手法，如主题思想的直白表达，音乐上以民间小调为素材，不具主导动机发展，强调道白对剧情的贯穿作用等。因此，视《白毛女》为新秧歌艺术发展的峰峦并不为过，在歌剧之前须加上“民族”二字也就在所难免了。如果没有新秧歌的发展，就不会有《白毛女》，也就不会有中国民族歌剧的蓬勃发展。

秧歌的发展已逾千年，但真正有所提高还是在抗战时期，今天它虽已回归到历史中去，但在特殊时代中的出色表现却不容忽视，它对特定艺术观念的形成起到了促进作用，在文化学上也掀起了不小的波澜。

三

文化被视为一种历史现象，必然与一定的社会格局相适应，其发展是社会历史的发展，社会历史只有通过文化才能实现。同社会历史发展一样，文化发展呈现出的并非单一状态，而是复杂多样的，最明显的莫过于层次上的区别，其所指并不完全在孰高孰低，更重要的是在所处位置的不同上，以及所能发挥的社会作用上。新秧歌脱离了陈旧的窠臼，编织出坚实的新家园，以其簇新的面目活跃在社会大舞台上，因而同旧秧歌相比具有质的区别，发挥的社会作用也就根本不同。这可看作民间文化的升格现象，也可视为民间文化的一次迁移，结果必然带有文化学的意义。

所谓文化学的意义，一是指创作思想导向的转移，即文艺认识出发点的改变；二是在创作方式方法上的具体表现；三是创作者在创作的过程中，同时被塑造的问题。

在1942年延安整风运动中，中共中央结合整风工作需要，适时召开文艺工作座谈会，毛泽东同志结合当时的实际情况，发表了著名的《讲话》。作为文艺整风的纲领性文件，《讲话》的意义早已超出了一般的政策性文件，不仅在政治思想上阐明了时代认识观点，而且对文艺理论也广为涉及。“从群众中来，到群众中去”可说是《讲话》文艺理论建构的灵魂所在，也可认为是对中国新民主主义革命文艺思想的历史总结。艺术的源泉在于生活，只有在生活中体验，才能创作出适合群众审美情趣的作品。艺术的使命是反映生活，要最终完成必须再回到生活中去，为此才可能生存，所以，“从群众中来，到群众中去”是艺术创作的初始，也是艺术使命的终极结果。由此，“群众性”成为文艺认识的基本出发点，艺术接受对象上升为第一性，在创作中占据主导地位。

那么，创作者主体意识怎样体现？个性又如何反映呢？这里主体意识可视为群体意识的集中表现，它代表了普遍的社会认同，个性可建立在形式因素上，也可体现在感受的差异上，但创作主题必须统一在社会大目标里，因为社会需求是超个人主义的，创作就必须符合时代的要求，而不是各执一端或孤注一掷，否则社会、时代均无法接受。特殊的时代更需要凝聚普遍的社会热情，个人色彩当然被融化于其中，因此，直接反映大众生活才是最切实际的创作方向。当然，或多或少也存在认识上的差异、感悟上的不同，但社会主导是基本前提，倘若忽视这个前提，必定遭到社会的摒弃。由此看来似乎削弱了艺术个性的正常发挥，但出于特殊时代的特殊要求，艺术更多的追求体现在社会普遍性上，而不在创作者的个性上。

秧歌被启用，所体现的恰是这种集体意志，反映的是艺术创作与社会生活的密切关系，这并非简单的“拿来”，其中包含着熟悉群众、了解社会、转变认识立场和感情的过程，表明了当时文艺认识的出发点。《讲话》早在20世纪六七十年代兴起的“接受美学”之前，就站在革命现实主义立场上，解决了艺术“来自哪里”和“为什么人”的问题，是对马克思主义美学思想的重大发展。

那么，新秧歌在创作的方式方法上具体表现了什么呢？首先，它提高了人们对民间艺术的认识，使之成为艺术创作汲取的基本营养。20世纪三四十年代，就如何看待民间艺术颇有歧见，一是来自传统文化势力，二是来自“西化”认识群体，他们认为民间艺术低下、卑贱、粗俗、不科学，认识上难免浅薄。殊不知哪一种传统文化中不烙有民间的印迹，哪一种世界艺术不含有民族的因素？世界艺术之所以五彩缤纷，耸立成林，就是以各民族为单元集合而成的，民族文化事实上是世界文化建立的根本，不谈民族何有世界之说？即使纯粹的世界主义者，也不可能视民族存在而不见。包括在民族文化中的民间艺术，虽粗糙、简陋，但含有民族的血质，是构成民族文化的重要部分。其次，新秧歌将创作动因与接受者的能力等量齐观，利用群众熟悉的旧形式，去其糟粕，取其精华，批判地继承，既满足了社会的普遍需求，又提高了大众的艺术欣赏能力，在普及的基础上提高，形成了兼容并包的艺术实践道路。另外，新秧歌全方位吸收民歌、戏曲、话剧等因素，借鉴它们的成功经验充实提高自己，加快了自身的发展，也为更高一级的文艺形式（歌剧、舞剧）准备了条件，积累了经验。总之，新秧歌在创作的方式方法上所采取的创新是带有普遍意义的，不仅在音乐艺术领域里如此，而且文学、绘画等姊妹艺术同样存在上述情形，体现了《讲话》中“批判与继承，改造与利用、普及与提高”的辩证文艺思想认识内涵。

接着让我们来谈谈创造者在创造的过程中同时被塑造的问题。人的个体生活历史反映出，人从落地伊始，就已被所属社会环境塑造，日积月累，逐渐形成了一定的经验和行为，直到长大成人，他的习惯体现出社会的普遍习惯，社会的普遍信仰便是他的信仰。这说明了人被他生长于其中的传统文化塑造，在他进行创造的行为方式中，包含着同时被塑造的过程。但经验和行为的获取，并非呈稳固状态，尤其当传统文化必须经受变革的考验时，作为传统文化生物的人，势必出现紧迫感，因为他要重新求取人之为人的基本理由，重新估计行为方式的价值取向，定夺的结果或许取保守认识，或许成为原本意志的反叛，抑或在调和中寻找立足点，但无论如何做出抉择是唯一的出路。有时是发自内心的体认，有时则来自社会大环境的胁迫与要求，在不断的修正中逐渐获得社会的认同。

新秧歌能代表的虽然仅是时代文化中的一支，但以抗战为主题反映出的却是当时文化共有的追求，在运行的过程中，随着艺术的发展提高，创作者群体也在提高；随着创作者群体的提高，反过来又置理想和追求于具体的创作行为中，相互作用的结果既促进了艺术的发展，同时也塑造了创作者自身。

综上所述，秧歌以其质的飞跃赢得了文化学上的意义，其内涵表明了当时社会文化发展总的趋势——艺术观念上认同革命现实主义思想，置社会需要为第一位，以“群众性”为出发点；创作上从社会客观实际情况出发，力求简洁有效，结果不仅造就了一种艺术表现形式，也丰满了艺术形式的创造者。通观新秧歌的发展过程，可说是历史与现实的辩证统一，也是艺术形式发展的必由之路，它能被注入时代精神和艺术新质，并非发怀古之幽思和迷恋旧物，实乃社会生活需要、时代精神倡导之结果。

四、结 语

“新秧歌”对于今天的观众来说，已经成为一个历史的名词，在舞台上很难再见其踪影，它隐退了，又回归到历史中去了。作为时代的艺术，时代本就说明其过多的不健全，这里无须累笔专门再做评判，但并不等于说“秧歌”即已解体，我们不是依旧可以看到民间逢年过节闹秧歌吗？那雄壮古朴的陕北安塞腰鼓不是再一次激荡了我们的胸怀吗？“新秧歌”的归隐代之以古老民俗文化形态的重现与继承，所含有机因素早已分解融入其他艺术形式之中。随着时代的进步，大众艺术趣味的提高以及社会环境的大力改善，文艺认识的出发点早已不受“秧歌”的局限，过去谈不上交响乐、室内乐，今天却随处可见，过去没有的音乐艺术发展条件，而今不仅成形，业已趋向完备。“多元化”使得艺术花园里争奇斗艳、纷呈互补。“阳春白雪”“下里巴人”各有各的服务对象，各有各的展示天地，可视为文艺认识新的出发点，这既是历史的进步，也是《讲话》精神在新形势下的一种新体现。“新秧歌”虽已“落伍”，但分析研究它，有助于我们对中国民族音乐的过去与未来有所了解和认识。特殊的时代造就特殊的艺术，特殊的艺术反映特殊的时代，这就是我们从“新秧歌”发展中所获得的最大启示。

[原载《交响（西安音乐学院学报）》1992 年第 2 期]

陕北红色音乐作品基本特性对新时代音乐创作的启示分析

——纪念毛泽东《在延安文艺座谈会上的讲话》发表80周年

强陆平

陕北红色音乐作品内容丰富、形式多样、意义深远，其中所反映出的革命性、时代性、大众化、传承性、艺术性构成了陕北红色音乐作品的基本特性，这种基本特性在展现音乐艺术自身所具有魅力的同时，实现了多种功能的融合。在发展的过程中，陕北红色音乐作品的特色给新时代音乐创作提供了启示。本文立足于陕北红色音乐作品的基本特性分析，遵循习近平总书记关于新时代文艺创作的相关论述精神，思考对新时代音乐创作的启示，希望以此为鉴，更加有效地提升新时代音乐创作的使命感和价值感。

20世纪30年代，延安以其在中国革命中的特殊作用成为当时中国的红色之都，陕北也就同时成为领导中国革命的指挥中心。这个时期，以毛泽东同志为核心的党的第一代领导集体在党的思想建设、组织建设、理论建设、制度建设等方面取得了重大成果，形成了一系列系统性的政治理论和制度学说。在早期毛泽东文艺思想的指引下，陕甘宁边区音乐文化无论是内容还是形式，均发生了根本的变化，其自身应有的方向性和阶级性趋于鲜明。这种在革命根据地特有的新音乐文化形式，是中国共产党领导下的新民主主义音乐文化形式与文化现象，出现了一大批优秀的经典作品，形成形态特性鲜明的陕北红色音乐文化。

一、陕北红色音乐作品的基本特性

（一）革命性是陕北红色音乐作品的鲜明特点

这里的革命性，也可以叫作方向性。陕北音乐作品之所以形成并发展为红色音乐文化，就是因为在民族危亡和革命斗争这个特定的历史时期和历史背景下，陕北音乐文化在中国共产党的领导下，以马列主义、毛泽东文艺思想为指导，其作品贯彻无产阶级的价值观和世界观。作品的革命性特点集中体现在倡导民族独立和批判专制，作品本身的服务主体为民族独立战争和解放战争，宣传口号是打破一个旧社会、建立一个新社会。毛泽东同志《在延安文艺座谈会上的讲话》的“引言”中说道：“我们要战胜敌人，首先要依靠手里拿枪的军队。但是仅仅有这种军队是不够的，我们还要有文化的军队，这是团结自己、战胜敌人必不可少的一支军队。”这是毛泽东同志对文艺工作者队伍及其文艺作品本身应有的一种责任担当。这个时期的作品从思想上来讲，既有对帝国主义、封建主义、官僚资本主义的批判，又有旧制度对劳苦大众的压迫、剥削的控诉，还有人民大众对旧社会制度的反抗和对科学、民主社会制度、社会形态的向往。在内容上，既有对旧的封建礼教的反叛，对旧礼教的鞭挞，又有对科学、自由、民主的诠释和颂扬。在表现形式上，既有传统的说书、戏曲二人台，又有秧歌剧、小型民歌剧等。大到一次次革命战役，小到村民们与战士们的生活交集，再到中国共产党和群众的鱼水情，这些红歌既是革命事迹的记录者和承载者，也伴随着鲜活的革命史实，唱响大江南北。

（二）大众化是陕北红色音乐作品的根本特点

人民的、大众的文艺是文艺作品阶级性的集中体现，陕北红色音乐作品的鲜明特点就是它聚焦了人民大众这个主体。以人民大众喜欢的展现形态，让音乐文化深深地扎根到人民中间。陕北红色音乐作品是在陕甘宁边区这个特定的地理环境中，在民族危亡的关键历史时期，中国共产党人带领人民在血与火的实践中创造出的新的文艺形式和革命的音乐文化形态。这种文化形态紧紧瞄准人民大众和工农兵这个服务主体，以民族独立战争和人民大众为主题，采取了无产阶级的革命浪漫主义与现实主义写实手法，对民族音乐文化的表演形式、表现手法进行了艺术化的处理与提升，使其在思想性、教育性上更具有感染力，从而强烈鼓舞了全国军民的战斗士气，为推动抗日战争、解放战争的胜利，推动人民政权的建立发挥了重要的作用。作品聚焦人民大众的生产生活、喜怒哀乐，讴歌人民大众对美好生活的热望和追求，为表达人民大众的意志、愿望而创作，其创作、加工、流传都产生于人民群众的革命、生产、生活，植根于民间，植根于普通百姓的实际生活，是人民大众真实情感的集中表达。这些作品产生于人民群众的劳动、斗争、生活、娱乐之中，真实反映人民群众的思想感情，所以受到人民群众的喜爱，是人民群众不可缺少的精神食粮之一。这样的音乐作品有广泛的群众基础，并且适合群众传唱。

（三）时代性是陕北红色音乐作品的主旋律

20世纪三四十年代，是中华民族遭受外来列强侵略、内忧外患的灾难时期，是中华民族生死存亡的危机时刻。这个时期中国社会的主要矛盾是外来侵略与民族独立的矛盾，全民族的根本任务是赶走侵略者、建立人民当家做主的新中国。所以，这个时期国内的文艺作品主要以宣传抗战、宣传民族独立为主题。尽管在不同的地方、不同的环境下表现方式、思想内容也有所差别，但鲜明的时代性则是这个时期文艺作品共有的特点。受毛泽东文艺思想影响，以浓郁陕甘宁民族民间音乐素材为新的文艺作品，在以延安为核心的陕北革命根据地逐步形成。这些作品既具有鲜明的革命性、人民性，又兼具鲜明的时代性，它在反映无产阶级人民大众战斗、生产、生活的同时，将时代最强音作为音乐作品的主旋律。这个时期陕北红色音乐作品之所以以时代性为主旋律，就是因为它抒发了全民族的共同理想和共同追求，生动地刻画了在中国共产党领导下全民族为了民族独立，前仆后继、不怕牺牲的伟大英雄形象。这个时期的音乐作品之所以以时代性为主旋律，是因为无论是旋律还是歌词以及演唱形式都非常贴近实际、贴近生活，又以艺术化的手法展示出了全民族的呐喊。

（四）创新性是陕北红色音乐作品的表现形式

创新性是陕北红色音乐作品的鲜明表现形式。这些作品在创作时，音域和音区大都属于群众歌曲写作范围，歌词及曲调都可由群众集体改编，它是在保持陕甘宁边区文化地域、调式调性、曲式结构和表现方式等基本特点不变的基础上，在创作上借鉴新音乐手法对陕甘宁边区的民族民间音乐曲调在曲式结构上完善补充，调式调性丰富自然，使作品的表现力更强，更能吸引人、感染人。在表演方式上，借鉴戏曲、秧歌剧、民歌等多种艺术表演形式，又引入西方话剧、歌剧、合唱的表演方式，推陈出新，起到很好的艺术效果。在内容上剔除原有作品封建腐朽的内容，植入健康、向上的内容，有继承、创新，有现实主义、浪漫主义，有批判、讴歌、影射。这些作品有曲作者、词作者在传统音乐作品基础上进行的改编创作，也有革命前辈、人民群众根据自己切身体会的自改、自编。这种音乐作品多为集体创作，人人都可以加工润色，而其口头即兴创作方式有很强的灵活性，甚至不受定稿限制。众多歌手的创造，体现为红色音乐作品集体智慧的融合，这种融合在今天看来几近天衣无缝。这些特征使作品的旋律既保留明显的地域性风格，又呈现出口语化、生活化的色彩，唱的时候朗朗上口，演的时候信手拈来。这种巧妙的融合，就是当代文艺作品创作中的创新性发展和创造性转化，也是今天传统艺术在传承与保护中值得借鉴的成功手法。

（五）艺术性展现了陕北红色音乐的魅力

艺术性，是指陕北红色音乐作品既保持了民族文化的原汁原味，又植入了新的手法和丰富形式，既朴实又高雅。歌曲是传唱的艺术，对于民族民间歌曲而言更是如此，每一首曲目的流传，都经过了千人唱、万人传，并在即兴的、不自觉的磨研、锤炼中日益精练，在歌者们的反复推敲中趋于成熟。1942 年 5 月，毛泽东同志发表了《在延安文艺座谈会上的讲话》，明确了陕甘宁革命根据地文艺作品的根本使命和责任担当。这个时期也正是陕北红色音乐作品的形成、丰富、发展时期，“鲁艺”学员开启了陕北民歌的采集、整理之路，不仅使原有陕北地方民间音乐从传唱走上规范的记谱与谱例整理，也为地方民族民间音乐的艺术化升华提供了重要依托。以陕北地域特有的民族民间音乐文化为基本素材，以中华传统优秀文化为基本依托，以人民大众的价值追求为基本标准，以服务边区军民生产生活和革命斗争为基本需求，以共产党人应有的理想信念为精神内涵的陕北音乐作品紧紧围绕服务于民族独立与主权完整、服务于边区人民大众生产生活，最大限度地激发了全国军民为民族解放而坚强不屈、前仆后继、英勇斗争的英雄气概。毫无疑问，陕北红色音乐作品是集高度革命性、大众化、时代性、创新性、艺术性且具有划时代意义的文化艺术，是民主革命时期形成的革命文化的主要组成部分，是今天形成文化自信的重要源头。

二、对新时代音乐创作的启示

（一）坚持中国特色社会主义文艺方向

创作方向决定着作品本身的存在价值。坚持正确的创作方向，也就是举什么旗、走什么路的问题。在战火纷飞的年代，在革命根据地产生、形成、发展、壮大的红色音乐作品之所以被广大根据地军民接受，并成为赶走侵略者、战胜反动派的强大思想武器和精神动力，其根本原因是这些作品无论在创作理念与动机上，还是在思想内涵与表演方式上都坚持了正确的政治方向，与根据地军民的政治理想与政治追求达到了完全的契合。坚持中国特色社会主义文艺方向，是当代中国文艺创作必须坚持的基本遵循。习近平总书记在文艺工作座谈会上的讲话中指出，文艺工作者“必须把创作生产优秀作品作为文艺工作的中心环节，努力创作生产更多传播当代中国价值观念、体现中华文化精神、反映中国人审美追求，思想性、艺术性、观赏性有机统一的优秀作品”[①]。中国特色社会主义制度的合理性、中国特色社会主义理论的科学性、中国特色社会主义道路的正确性、中国特色社会主义文化的哲理性，是经过血与火的实践反复验证的、经过历史变迁反复证明了的真理。坚定四个自信，高举中国特色社会主义伟大旗帜，聚焦中国特色社会主义建设的伟大实践，这是音乐作品创作中应该坚持的根本方向。同一种社会制度下，广大民众都有共同的社会标准、社会价值、社会崇尚，中国特色社会主义的价值尺度和价值标准就是社会主义核心价值观，这是人们普遍崇尚和尊崇的一种共同价值取向，那么讴歌以社会主义核心价值观为核心的中国价值标准、中国价值尺度应该是当今音乐作品创作与表演的基本遵循。

（二）坚持以人民为中心的创作导向

纵观音乐的早期形成过程，从本体性上来讲，无论在历史的任何时候，音乐本身均来源于人们的生产和生活实践。音乐最早是人们传递思想、交流情感的重要方式，受地域文化、风土习俗、文化理念的影响，表现方式也多种多样。有些是祭祀祈福时的吟诵，有些是生产劳动和生活习性传承形成的一种律动，有些是人们对美好生活的向往，所以，早期音乐本来就是一种人们广泛参

① 习近平:《在文艺工作座谈会上的讲话》,《人民日报》2015 年 10 月 15 日。

与的艺术形式。进入阶级社会后，这一艺术形式被统治阶级利用，成为统治阶级享受生活、剥削劳动人民的一种方式。通过对陕北红色音乐作品基本特性的分析，进一步发现，音乐作品与其他艺术形式一样，带有鲜明的阶级性，也就是说陕北红色音乐作品服务的阶级主体是无产阶级人民大众，它代表人民大众的根本利益和理想追求。陕北红色音乐作品来自人民群众，是抗日战争和解放战争时期人民群众和人民军队在争取民族独立伟大实践中的情感表达和理想追求，这种音乐形式之所以能流传至今且被奉为经典，主要原因是这些歌曲的内容、形式、情感都能够在人民大众中激发共情，让更多的民众在欣赏时能够充分感受到曾经的岁月，以及艰苦奋斗、共同战斗、共同建设美好家园的精神风貌。习近平总书记在文艺工作座谈会上强调："人民是文艺创作的源头活水，一旦离开人民，文艺就会变成无根的浮萍、无病的呻吟、无魂的躯壳。"[①] 广大文艺工作者既要把艺术的笔墨运用到广大人民的生产生活描绘中，还应该虚心向广大人民群众学习传统文化、传统礼仪、传统习俗，这样创作出来的作品才能接地气，得到广大人民群众的喜爱，也才会有广阔的社会市场。人民是艺术创作的源泉，艺术创作同样应该以人民为中心，音乐作为一种常见的艺术形式，更应该在其发展的过程中始终围绕人民大众来进行创作与更新，这样才能够让音乐真正围绕社会的发展而发展。

---

① 习近平：《在文艺工作座谈会上的讲话》，《人民日报》2015 年 10 月 15 日。

（三）突出为时代而歌、与时代同步的特征

音乐作品是时代的产物，是一定历史时期人们生产生活与精神追求的艺术化写照。从文化层面上讲，音乐作品既是一种讲述，也是一种记录，既有史料性，又有可拓展性，越是经典作品，留给人们思索、想象的空间就越宽广。反映在陕北红色音乐作品基本特性中的鲜明时代特征，就是对音乐作品与时代同步的生动写照。它的时代性反映在社会层面，就是全民族救亡图存、争取民族独立的生动写照，既有血与火的画面感，又有前仆后继的感染力。反映在人民大众个体的层面，就是对人民大众追求美好生活、反抗压迫、反抗剥削的生动描绘，既有很鲜明的地域文化特色，又有共同的精神追求。反映出强烈的时代性，展现了音乐作品为时代而歌、与时代发展同步的基本特征，这就给现代音乐发展提供了启示。首先，音乐的发展离不开社会的发展。音乐是一种艺术形式，同时也是一种意识形态，其产生与发展都需要与客观现实进行融合。从陕北红色音乐作品出现的情况来看，其形式与内容都与当时中国社会的发展密切相关，所以红色音乐有着明显的时代性，红色音乐的发展也与社会的发展紧密相连。其次，音乐的发展需要反映时代的特征，其发展必须要反映客观现实，否则这样的形式便缺乏了存在的意义，陕北红色音乐作品将音乐反映时代的特征彰显得淋漓尽致，同时全方位地展现了音乐艺术的正确发展方向。习近平总书记《在文艺工作座谈会上的讲话》中指出："广大文艺工作者要高扬社会主义核心价值观的旗帜，充分认

识肩上的责任，把社会主义核心价值观生动活泼、活灵活现地体现在文艺创作之中，用栩栩如生的作品形象告诉人们什么是应该肯定和赞扬的，什么是必须反对和否定的，做到春风化雨、润物无声。”[①] 这正是音乐作品在新时代应该展示出的责任担当，充分体现出作品的自身价值。

（四）坚守艺术真善美的本真，展示中华文化的魅力

音乐是抒发心灵的艺术形式，美好的音乐是真善美的反映，是人们对于美好生活、美好情感、美好未来的抒发与期许。习近平总书记《在中国文联十大、中国作协九大开幕式上的讲话》中指出：“一切艺术创作都是人的主观世界和客观世界的互动，都是以艺术的形式反映生活的本质、提炼生活蕴含的真善美，从而给人以审美的享受、思想的启迪、心灵的震撼。”[②] 从陕北红色音乐作品的基本特性来看，音乐艺术充分展现了经典艺术作品中所体现的真善美，同时也要坚定文化自信，展示中华文化的魅力。新时代背景下，各种文艺思潮涌现，此时，音乐创作者更应该以陕北红色音乐的发展为启示，在创作的过程中努力彰显艺术的真善美，坚定文化自信，充分展示中华文化的魅力，以传递真善美、传承中华文化为己任。在创作与发展的过程中与时代同步，在时代的

---

① 习近平：《在文艺工作座谈会上的讲话》，《人民日报》2015 年 10 月 15 日。

② 习近平：《在中国文联十大、中国作协九大开幕式上的讲话》，新华社，2016 年 11 月 30 日。

发展与要求下实现创新性发展与创造性转化。

三、结 语

综上所述，音乐的创作与发展离不开时代的发展，陕北红色音乐的发展与创作有其特殊的时代背景。它之所以能够流传至今，并且能够得到广大民众的喜爱，关键在于它在发展的过程中充分展现了革命性、时代性、大众化、艺术性、传承性等特质，让人们在进行艺术欣赏的过程中拨动心中最柔软的弦，获得情感的共鸣。现代音乐在创作的过程中也应该借鉴陕北红色音乐的发展，努力让创作符合时代的发展、民众的要求、艺术的发展规律。

（原载《音乐天地》2022 年第 6 期）

叱咤风云惊天地　一代壮歌震古今*

——论抗日救亡歌曲与抗战歌曲的历史地位

李宝杰

大刀向鬼子们的头上砍去，

全国武装的弟兄们，

抗战的一天来到了，

抗战的一天来到了。

……

重新聆听由麦新作于1937年的这首尽人皆知的抗战歌曲，无论是经历过还是没有经历过那场给中华民族带来深重灾难的战争的人们，都会从其朴素、有力的音乐语言和近乎白话的唱词中，领略到火一般的战斗激情，感受到中华民族无比强大的凝聚力……

---

*本文首次发表时署笔名“闻理”，编入本《文集》时改为原名，内容有修改。

抗日战争尽管已经过去了几十年，但是为什么曾经是中华民族团结抗敌的旗帜和号角的抗战歌曲，今天听起来仍然无比激动人心，令人热血沸腾呢？

说来绝非偶然。伟大的抗日战争是一个多世纪以来中国人民反对帝国主义列强侵略的历次战争中第一次赢得完全胜利的战争。它彻底改变了近代中国在帝国主义面前蒙受屈辱的历史地位，洗雪了国耻，翻开了中华民族解放斗争最光辉壮丽的一页。因此不难理解的是，作为深刻反映中华民族空前觉醒和奋起，同仇敌忾、共赴国难的抗战歌曲，又怎能不在人们心中激起强烈的共鸣呢！凡是经历过抗日战争洗礼的老年人，只要听到这些昔日充盈于耳、朗朗上口、震撼人心的歌声，莫不感到亲切而自豪，仿佛又回到了烽火连天的战斗岁月中；而今天的年青一代虽然没有亲身经历过那场惊天动地的伟大战争，但一听到高昂激越的抗日歌曲，也会不由自主地情动于中而引吭高歌……

一

提起抗战歌曲，必须从 1931 年的九一八事变，日寇铁骑践踏我们国土的那个时期算起。沈阳烽火一起，继之而起的 1932 年上海一·二八事变，1933 年热河失守，1935 年的“华北特殊化”及一二·九、一二·一六学生运动，全国人民目睹了国土沦丧，空前的民族危机迫在眉睫，早就在全国范围内掀起的如火如荼的抗日救亡歌曲热潮，遂席卷华夏大地，并且揭开了抗战歌曲的序幕。

早在九一八事变后的两个月，著名作曲家黄自就创作了四部合唱《抗敌歌》，之后他又创作了歌曲《赠前敌将士》（1932）、四部合唱《旗正飘飘》（1933）、歌曲《九一八》（1933）等，是我国最早的由专业音乐家创作的抗日歌曲。除了黄自，革命音乐家聂耳也是较早进行抗日救亡歌曲创作的作曲家之一。其中不同的是，他以电影、戏剧为媒体，进行抗日救国宣传，写就了诸如《毕业歌》（影片《桃李劫》主题歌，1934）、《前进歌》（独幕歌剧《扬子江暴风雨》插曲，1934）、《自卫歌》（1934）、《义勇军进行曲》（影片《风云儿女》主题歌，1935）等一系列在社会上广为传唱的歌曲。

冼星海作为对中国近现代音乐发展做出过杰出贡献的音乐家，1935 年从法国巴黎留学归来，即积极投入抗日救亡运动中，1936 年他创作的《救国军歌》（塞克词）原为齐唱歌曲，后改编为四部合唱。采用了进行曲体裁，结构严谨工整，旋律雄壮有力，塑造了一支具有钢铁般意志的抗日队伍勇往直前的坚定形象。

除了上述作曲家及其创作外，这一时期的抗日救亡歌曲中，也不乏以民间音调为素材的，如沙梅的独唱曲《指望大救星》（原名《秋风儿》，金鼓词），颇具江浙水乡韵味，旋律婉转深沉，表现了农村妇女面对“保长抓壮丁……逼得丈夫逃外乡，丢下老和小，一去渺茫茫”的凄凉心情。又如《新凤阳歌》，本就是一首地地道道的凤阳花鼓调，通过重新填词，揭露悲惨时代下，凤阳人不得不身背花鼓颠沛流离奔走他乡的艰辛生活。

在此，值得大书特书的是，在中国左翼戏剧家联盟音乐小组领导下的一场群众性的爱国歌咏运动——“抗日救亡歌咏运动”在上海的形成与发展。其标志是通过组织合唱团体，举办歌咏演唱会，激发人们的爱国热情，进行抗日救国宣传。当时的著名团体有吕骥主持下的“业余合唱团”和刘良模主持下的“民众歌咏会”。他们团结社会各阶层的力量，广泛吸收成员，不断扩大队伍，由最初的几十人发展到后来的近千人，利用歌会、比赛和新闻广播媒介积极开展活动，在社会上产生了广泛的影响，成为抗日救亡歌咏运动的中坚力量。

到了 1935 年年底，抗日救亡歌咏运动迅速波及全国，且多集中在大城市，出现了全民热潮。一时间各地纷纷组织和成立歌咏团体，举行大规模的集会和游行，其声势之浩大、覆盖面之广泛前所未有。仅以上海为例，当时较为著名的活动就有：1936 年 6 月 7 日，由“民众歌咏会”牵头，组织的千人大合唱；1936 年 10 月 22 日，上海歌咏团体联合为鲁迅葬礼举行的挽歌游行；1937 年年初，为援助绥远抗战，许多团体相继举行演唱会和歌咏会。以当时的情形看，可说是凡有群众性集会，必唱抗日救亡歌曲，以致在后来的革命斗争实践中，群众集会时演唱革命歌曲成为一种时尚和传统。

1937 年，七七事变导致抗日战争全面爆发，全国性的抗日救亡运动随之进入更为深广和切实的运作阶段，许多歌咏、演剧团体已不满足于仅仅在后方进行抗日文艺宣传，而是积极地奔赴前线，进行战地宣传和服务活动。由于形势所迫，抗日救亡歌咏活动的中心由上海转入武汉，使得当时的武汉三镇歌咏团体云集，达数百家之多。歌会活动风起云涌，似乎人人都在传唱抗战歌曲。此时较为著名的团体是“中华全国歌咏协会”和郭沫若主持下的“国民政府军事委员会政治部第三厅”，尤其后者以冼星海、张曙为骨干，配合当时的政治形势和要求，组织举办了一系列诸如“抗战扩大宣传周”“七七抗战周年纪念”“抗战献金音乐大会”等规模宏大的群众性歌咏活动，致使抗日救亡歌咏运动继 1935 年以后再次出现了高潮。武汉沦陷以后，国民党军队节节败退，加之国民党政府消极抗战、积极反共的主张，全国性的抗日救亡歌咏运动的中心随之向延安及其他敌后抗日根据地转移。至此，长达六年之久的几乎覆盖了中华每一片土地的抗日救亡运动，在抗日战争的全面开启中完成了她的历史使命。一场以抗日战争为主题的抗战歌曲及其歌咏运动，伴随着全民族抗日战争的爆发，在以延安抗日根据地为中心的历史条件下，以其空前广泛深入、波澜壮阔的规模和声势登上了新的历史舞台。

二

由抗日救亡运动向全面抗战的转移，不只是时间概念上的推移，还是一个历史的飞跃。具体表现在音乐运动上，尽管它们之间有着割裂不开的历史联系，但在质与量的比较方面，前后两个阶段则是不可同日而语的。如果说，抗日救亡时期的歌曲，在主题思想和题材范围上，还多是动员和号召民众奋起挽救国家危亡，揭露和控诉日本侵略者凶恶残暴本质和罪行的话，那么，抗战歌曲却大大扩展了它的题材领域，除了继续深入动员广大人民群众和各种社会政治势力在爱国主义旗帜下集结起来，踊跃参加各种抗日活动外，更多的是反映了抗日军民在前线和敌后同侵略者拼死厮杀、浴血奋战的斗争生活。仅此一点，抗战歌曲就比救亡歌曲有了极大的丰富和发展。这是其一。

其二是，抗战时期的音乐家队伍较之救亡时期有了前所未有的壮大和提高。这一点首先要归功于救亡运动在发现和培养年轻音乐人才上所做出的伟大贡献。这些年轻的革命音乐家，在救亡时期可以说还处于学习锻炼的阶段，真正成熟起来并崭露头角，乃是在抗战全面爆发之后的事情。不仅如此，抗战时期为解决前线、敌后各战场以及大后方的“音乐干部荒”，仅延安及各抗日根据地就建立了一系列艺术院校，如鲁迅艺术学院音乐系就是其中最有声望的一所培养革命音乐家的高等学府，它集中了全国杰出、优秀的音乐人才在这里深造。与此同时，重庆的国立音乐院、西安的西北音乐院等大后方的音乐院校也为抗战输送了相当一批音乐家。另外，各个战区还开办了大量的短期音乐训练班，边学边干地培养出了成千上万的音乐普及工作者。据统计，从九一八事变到七七事变的六年间，参与抗日救亡歌曲创作的作曲家仅 20 余人，词作家也不过30余人而已，所写的优秀歌曲只有近百首。而抗战八年中所收集到的创作歌曲有千余首之多，参与写作的音乐家和词人竟是抗日救亡时期的近10倍，多达500余人。[①]

其三，如上所说，有了空前壮大的音乐家队伍，也才会有创作上的空前繁荣和不断提高。麦新的《大刀进行曲》、张曙的《丈夫去当兵》、吕骥的《保卫马德里》、冼星海的《在太行山上》、贺绿汀的《游击队之歌》……这些脍炙人口、广为传唱而魅力不减当年的艺术精品，就是抗战歌曲留给我们的传世之作。除此以外，还有马可的《吕梁山大合唱》、冼星海的《生产大合唱》《黄河大合唱》《民族解放交响乐》以及马思聪的《第一交响曲》《西藏音诗》等大型音乐作品纷纷问世，从而把中国音乐提到了一个新的历史高度。至此，抗战歌曲创作的发展，在形式体裁方面也大大拓展了自己的领域，最大的成果之一就是在与戏剧结合上的突破和创造了。北方秧歌剧运动为我们提供了无数的优秀范例，《兄妹开荒》《一朵红花》《牛永贵受伤》……数不胜数。正是在秧歌剧发展的基础上，我国的第一部新歌剧《白毛女》才得以诞生，这不能不说是抗战音乐的巨大收获。

① 参见解放军歌曲选集编辑部编《抗日战争歌曲选集》（全四集），中国青年出版社1957年版。

三

纵观抗日救亡歌曲和抗战歌曲的发展历史，并将之置于中国音乐文化历史长河的大背景之下予以审视的话，不能不承认，从九一八事变到抗日战争的最后胜利的10多年里，中国音乐的发展经历了一个极其光辉的黄金时代。日本侵华战争给中国人民带来了空前巨大而深重的灾难，中国人民为赢得这场战争付出了极其惨重的代价。战争锻造了中国人民的钢铁意志，使中国人民赢得了民族振兴的机遇，中华民族在战争中涅槃重生。在此我们无须对这场战争进行全面的描述和评价，仅从音乐这个侧面论证抗日战争伟大而深远的影响。

第一，从抗日救亡歌曲和抗战歌曲的内容看，绝不是简单地对生活的“如实反映”，也不是政治主张的“传声筒”，而是对爱国主义精神的高扬和对革命英雄主义气概的颂赞。试想一个民族如果没有热爱国家、团结一致、敢于斗争、敢于胜利的精神和信心，又怎能抗击并战胜武装到牙齿的侵略者呢？回想近百年来，中国之所以在西方列强的侵略面前，屡战屡败、割地赔款、丧权辱国，正是由于缺乏上述精神和气概。但这绝不是说，中国人民没有爱国之心和反对侵略的勇气，而是说那个时代的中国政治腐败，四分五裂，难以形成高度的凝聚力。在此种情形下，爱国非但无功反而常常有罪，晚清爱国志士的下场就是鲜明的例证，即使到了九一八事变前后，情形也无多大改变，甚至还有过之而无不及。作为国民政府首脑的蒋介石和汪精卫，前者是消极抗日，后者则干脆认贼作父、卖国求荣。可想而知，在这样的政权统治之下，广大人民的爱国行动能够获得何种对待，也就再清楚不过了。然而，时代毕竟是改变了，中国只因有了敢于力挽狂澜、挺身而出的共产党人团结和领导起了亿万人民，高举抗日大旗奔向广阔的战场，“用我们的血肉筑起我们新的长城”，这样一来，一个古老而又羸弱的民族终于以其崭新的面貌展现在世人面前。而抗日救亡歌曲和抗战歌曲表现的正是中国人崭新的精神风貌，从而一改昔日萎靡不振的旧态。这一点难道不是救亡歌曲和抗战歌曲对历史的贡献和对时代的承诺吗?!

第二，从抗日救亡歌曲和抗战歌曲的形式看，其最大的历史性贡献，莫过于对群众歌曲这一崭新体裁的创造了。这是我国传统音乐中前所未有的一种形式，其音调和节奏较之传统民族音乐而言，可说是大异其趣，但这并非对传统的背弃。恰恰相反，它是以传统为本，经过对民族音乐的提炼加工，以突出其健康的充满阳刚气质的因素，与此同时又吸收借鉴了西方音乐中进行曲体裁的许多特征。歌词语言中也大量摄入了新的口语和表现新思想的词汇，运用了新诗的韵律节奏。这样做的动机不是为革新而革新，而是为了更好地表达抗日群众的思想情感和凸显时代的精神。

众所周知，任何一种艺术形式的产生和发展，都离不开特定的时代文化大背景。因此说，一定的时代造就一定的艺术，反之，一定的艺术又反映和服务于一定的时代。抗日救亡歌曲和抗战歌曲的生成与发展也概莫能外。20 世纪初，中国大地上曾一度盛行过“学堂乐歌”这一旨在通过在中国各地新式学校音乐课中歌唱歌曲，改造国民的素质、振奋民族精神而引进的一种歌咏艺术形式。尽管它在近代中国音乐史上起到过积极的启蒙作用，但学堂乐歌多为填词歌曲，毕竟还处在一个较低的模仿层次上，借鉴外来文化的痕迹很重，缺少我们民族的艺术个性和特色。它只能解一时之急需，却不能从根本上代替自己的创造，而要反映抗日民族解放运动这样一个伟大的革命战争，单靠引进外来文化的办法是完全不可思议的事情。因此，除了自己动手、另起炉灶之外别无他途，上述对群众歌曲体裁的创造，就是在这样的文化大背景下予以实现的。

当然任何事情从初始到成熟都需要有一个过程，当音乐家创作队伍还没有壮大到足以满足群众对抗日救亡歌曲和抗战歌曲的迫切需要的程度时，利用民歌曲调填写新词的办法，仍不失为一种可供选择的途径。著名人民教育家陶行知先生，抗战期间用晓庄山歌填词的《锄头舞歌》，就曾妇孺皆会唱，风行全中国；女诗人安娥也曾为凤阳花鼓填写过新词，而当时的孟波、麦新等作曲家也都采用这种办法为很多民歌曲调填写过新词。

第三，从抗日救亡歌曲和抗战歌曲的社会效果看，其流传之深广、反响之强烈，可说是自“五四”以来我国新文化运动史中空前少有的。前文多处谈到，抗日救亡歌曲和抗战歌曲是应现实斗争之需要、时代之召唤而产生和发展起来的，它们真切地表达出了亿万民众的心声和中华民族几千年历史中培育起来的浩然正气。因此之故，抗日救亡歌曲和抗战歌曲便天经地义地赢得了广大人民的由衷喜爱而响彻祖国的山山水水和每一寸土地。而与此同时，对于日本侵略者来说，抗日救亡歌曲和抗战歌曲则无异于千百门大炮的呼啸轰鸣和千军万马的英勇出击，从而使之闻风丧胆。

然而令人不胜痛心的是，抗日救亡歌曲和抗战歌曲在其生成和发展的进程中，却屡遭来自国民政府当局的迫害与摧残：宣传抗日内容的音乐出版物被查封、没收；民众歌咏团体及活动被强行解散和明令禁止；出动军警用水龙乃至棍棒刀枪殴打、驱散抗日游行民众队伍的事件，人们早已司空见惯，不足为奇。

另外，有必要提及的是，当时音乐界包括教授、学者和流行作曲者在内的某些名流，也曾出于各种动机，对抗日救亡歌曲和抗战歌曲进行非难，说什么救亡及抗战歌曲“不讲作曲技巧”“生硬”等，但是，在民众爱国主义精神的感召下，他们当中的很多人都先后转向抗日力量一方，创作或改编出不少深受民众欢迎的歌曲。

第四，从抗日救亡歌曲和抗战歌曲的艺术生命力看，如上所述，救亡和抗战歌曲在近现代中国音乐的史册上揭开了最辉煌的一页，不只是着眼于它们在抗日救亡和抗战时期所发挥的现实作用，也是从整个中国音乐文化的历史视野观照中得出的结论。诚然，并非每一首救亡和抗战歌曲都是尽善尽美的传世佳作，但不可否认的是，经过近一个世纪的不断筛选，今天留给我们的仍不失为一笔巨大的精神财富。不仅如此，在其后的解放战争时期和新中国成立以来的音乐实践中，人们每时每刻都可感受到抗日救亡歌曲和抗战歌曲的深刻影响，特别是当今音乐学术界对抗日救亡时期和抗战时期音乐所开展的规模空前的研究活动，充分表明抗日救亡及抗战歌曲本身就具有穿越历史时空、葆其艺术青春的永久魅力，绝不会像某些可能流传一时，但却是过眼烟云、倏忽即逝的音乐作品那样短命。个中奥秘，就在于抗日救亡和抗战歌曲中的传世佳作，是根植于生活土壤、涌现于斗争之中、发自人民心灵深处的声音，因此，是永远也不会成为“明日黄花”的。这是屡试不爽的艺术辩证法，是任谁也改变不了的文化事实。

[原载《交响（西安音乐学院学报）》1995 年第 3 期]

扎根生活、服务人民，在祖国大地谱写文艺创研新篇章

——《在延安文艺座谈会上的讲话》学习思考与体会

高贺杰

毛泽东同志《在延安文艺座谈会上的讲话》(以下简称《讲话》)与习近平总书记关于文艺工作的重要讲话，是新时代推动中国特色社会主义文艺繁荣发展的现实写照与理论准则，重温、研读、领悟两次讲话精神有利于更好地促进文艺事业，特别是在创作、研究等各方面与时代同频共振。

1942年，毛泽东召开延安文艺座谈会时，正值抗日战争即将进入夺取全国胜利的关键时期，也是延安整风时期。因此，毛泽东在《讲话》中，根据抗日战争发展形势和国内基本国情，提出文艺工作要从属于、服务于当时的革命斗争，明确文艺工作要为广大人民群众服务等一系列文艺指导思想。也正是在正确的理论指导下，进一步催生了一部又一部经典作品，如《黄河大合唱》、民族歌剧《白毛女》，还包括冼星海、吕骥等人所写的一系列重要的文艺理论论著等。可以说，在80年前中华民族内忧外患、生死

存亡的危难关头，我们党在革命圣地召开的这次中国新文艺发展史上第一个文艺座谈会和毛泽东同志的讲话，具有划时代意义，以此开启了中国文艺发展的新纪元。

到了新时代，习近平总书记强调“以史为鉴、开创未来、埋头苦干、勇毅前行”。2014 年，习近平总书记主持召开文艺工作座谈会，是在党的“十八大”召开的背景下产生的，也是一种对于 1942 年延安文艺座谈会的历史应答。面对充满挑战、奔赴“中国梦”的新时代，处于提高人民群众文化自信的关键时期，习近平总书记《在文艺工作座谈会上的讲话》中提出，要立足以人民为中心的价值追求，从人民精神需要、时代发展要求、民族复兴等国内、国际局势出发，发展文艺事业。这是基于新时代我国文艺事业大繁荣、大发展的时代背景，为中国特色马克思主义文艺理论构建提供有力的思想指引，为文艺事业发展明确了前进的方向。

鲁迅先生说，要改造国人的精神世界，首推文艺。举精神之旗、立精神支柱、建精神家园，都离不开文艺。从 1942 年毛泽东召开延安文艺座谈会到 2014 年习近平召开文艺工作座谈会，从毛泽东文艺思想到习近平文艺思想，凝聚了马克思主义文艺思想中国化理论在革命、建设、改革、发展中形成、成熟、发展的历史进程。足可见，文艺事业始终是党和人民的重要事业，文艺战线是党和人民的重要战线，文艺问题是中国特色社会主义理论体系和马克思主义理论中国化成果所关注的重要内容。我们要将文艺问题与文艺发展以及文艺理论建设与丰富文艺实践等工作，放在我国发展大势中来审视，放在我国古今发展史实中文艺的审美特性和重要价值意义等层面上来思考。

这也就要求我们并不能孤立地讨论文艺作品本身，还要联系历史、社会等各方面来探讨文艺所具有的历史效应与价值意义。更具体而言，很多时候更强调文化艺术对于人的发展、社会发展的作用。这种功用意义的具体表现之一可以和我国深厚的美育思想传统相联系。美育的概念是在近现代才出现的，但关于美育的实践和美育意识，自古有之。西周时期“制礼作乐”以规范社会、教化人民；春秋时期孔子推崇“六艺”——礼、乐、射、御、书、数，既讲究文化艺术的实用性，又有助于培养高尚品行；还有魏晋南北朝时期，文人抚琴作画以修身抒情。到了近现代，蔡元培先生率先提出美育思想，“人人都有感情，而并非都有伟大而高尚的行为，这由于感情推动力的薄弱。要转弱而为强、转薄而为厚，有待于陶养。陶养的工具，为美的对象，陶养的作用，叫作美育”[①]，他更具体地指出何为陶养工具，何为美的对象，就是“不可不读文学、听音乐、参观美术馆，以谋知识与感情的调和”[②]，即文艺作为美育的一种基本手段，能够益智、养情、正心。

历史和现实都证明，文艺是促进民族生存、发展、繁荣的重要力量，文艺有着“正人心、振民义、聚民心”这种凝心聚力的

① 蔡元培：《美育与人生》，《中学语文教学参考》2020 年第 19 期。

② 蔡元培：《美育与人生》，《中学语文教学参考》2020 年第 19 期。

特殊意义，也有着“感国运之变化、立时代之潮头、发时代之先声，为亿万人民、为伟大祖国鼓与呼”[①]的历史作用。基于这种认识，重温、研读两次《讲话》精神，特别是习近平总书记关于文艺工作的系列重要讲话精神，全面贯彻落实党的文艺路线方针政策，才能用心、用情、用功谱写新时代文化艺术的篇章。

基于上述分析与思考，笔者得出以下三点主要认识。

首先，必须要坚持和加强党对文艺事业的全面领导，牢固树立大历史观、大时代观，把音乐创作与文艺研究写到民族复兴的历史上、写在人民奋斗的征程中，并且始终坚定人民性的根本立场，这要求广大文艺工作者要“坚持以人民为中心的创作导向”，这是习近平新时代中国特色社会主义文艺思想的思想理论中心。在《在文艺工作座谈会上的讲话》中，习近平总书记引用党历任领导人关于文艺的经典语录：“毛泽东同志在延安文艺座谈会上指出：‘为什么人的问题，是一个根本的问题，原则的问题。’邓小平同志说：‘我们的文艺属于人民’，‘人民是文艺工作者的母亲’。江泽民同志要求广大文艺工作者‘在人民的历史创造中进行艺术的创造，在人民的进步中造就艺术的进步’。胡锦涛同志强调：‘只有把人民放在心中最高位置，永远同人民在一起，坚持以人民为中心的创作导向，艺术之树才能常青。’”以此来阐明“社会主义文艺，从本质上讲，就是人民的文艺”。因此，文艺要能够

① 习近平：《在文艺工作座谈会上的讲话》，《人民日报》2015 年 10 月 15 日。

体现出社会景象、反映人民心声，要满足人民精神文化需求。因此，文艺工作者的灵感要从群众中来，作品流传到人民中去，真正做到以人民为中心，为人民服务。这是党基于历史经验所提出的基本要求，为我国文艺工作者提出了具体的工作指向，也为文艺事业发展指明了航向。

其次，是重新认识集体创作。集体创作曾是特定时期我国文艺工作的主要方式之一，在当时革命各方面条件都极为匮乏的环境中，广大文艺工作者依然能够凝聚广大党员、革命者的集体智慧，创作出一批批像《兄妹开荒》《小放牛》等经典音乐作品。虽然随着左翼思潮的退却，集体创作方式也逐渐消解，但我们要重视集体创作的优势并加以运用。无论是音乐艺术作品还是理论研究，都应该集群力、汇众智，以集体创作和研究方式集体攻关，凸显组织优势。这可以使文艺工作者在合作过程中相互借鉴经验以促进个人创作的拓展的同时，汇众智以对重大文艺理论问题和人民群众关切的社会生活、艺术现象进行及时关注、及时思考、及时反馈，以此发现问题、研究问题并迅速找到解决问题的方法。更为重要的一点是，集体创作是迸发创作激情、实现文艺成果大丰收的有效途径，也是增强集体认同感和群体内聚力的重要途径，是围绕人民群众发展文艺事业不可或缺的方式。

最后，“文章合为时而著，歌诗合为事而作”[①]，广大文艺创作

---

①白居易《与元九书》：“自登朝来，年齿渐长，阅事渐多。每与人言，多询时务；每读书史，多求理道。始知文章合为时而著，歌诗合为事而作。”

和理论研究工作者，都应该把自己的创作成果和研究文论写在祖国大地上。习近平总书记一直强调，中国文艺作品要具有中国特色，要符合中国实际、响应时代主题。不能做“为赋新词强说愁”和“两耳不闻窗外事”这样脱离现实生活的创作和研究，而要与现实生活紧密联系，回应时代课题，提供具有中国特色的文艺成果。同时，将文艺创作谱写在祖国大地上的意思，也不单单指文艺作品是当代现实生活的缩影，还应该指文艺创作要植根于祖国优秀传统的土壤里。中华优秀传统文化是我国文艺创作取之不尽的财富，是文艺事业延续的重要源泉，也是我们在世界文艺激荡中站稳脚跟的坚实根基。将文艺谱写在祖国大地上，就是谱写中华优秀传统文化的续篇，也是续写现实生活的新作；是增强文化自觉和文化自信，坚定道路自信、理论自信、制度自信的题中应有之义。就像陕西这块文化底蕴悠长、文化资源丰富的大地，矗立在一个立足西部、背靠秦岭、坐标“一带一路”历史人文的土地，就可以依托先天优势，发现和谱写具有陕西地方性特色的文艺成果。

当前，我国文艺事业接续奋斗、繁荣发展，形成了独特的发展模式。这些对于亲身参与文艺创作、研究、教育事业的工作者来说是重大机遇。我们从创作、写作，包括日常工作中，深入理解并细致落实两次《讲话》的基本内容，就是要求我们把继承弘扬延安文艺座谈会讲话精神，学习贯彻习近平总书记关于文艺工作的系列重要讲话精神，与深刻认识党领导文艺的重大成就和宝贵经验结合起来，突出以人民为中心的创作导向，体悟生活本质、把握时代大势、满足人民所需，全面精准把握人民多样化多层次的文化需要，用心、用情、用功谱写新时代的生动乐章。

（原载《音乐天地》2022 年第 6 期）

用当代筝乐语言讴歌时代

樊艺凤

80 年前，毛泽东同志《在延安文艺座谈会上的讲话》(以下简称《讲话》)鲜明地树立起党的文艺工作的旗帜，深刻阐述并强调了要从实际出发而不是从抽象概念出发来确定文艺运动的方针政策，是马列主义普遍真理和中国革命实践相结合的体现，也是中国革命文艺运动的纲领性文献。8 年前，习近平总书记召开文艺工作座谈会并发表重要讲话，全面总结我们党领导文艺工作的基本经验，深刻把握社会主义文艺的基本规律，阐明新时代文艺繁荣发展的一系列根本性、方向性的重大问题。8 年来，习近平总书记对文艺工作发表了一系列重要论述（以下简称“重要论述”)，是对毛泽东文艺思想的继承和发展，是马克思主义文艺观中国化、时代化的新飞跃，是指引我国新时代文艺繁荣发展的光辉旗帜。跨越历史时空的两次重要讲话一脉相承，具有历史延续性。

回顾 1942 年的历史现实，在烽火连天的峥嵘岁月，《讲话》体现了高屋建瓴的战略意义。全面总结了“五四”以来革命文艺运动的经验，实事求是地解决文艺“为什么人”和“如何服务”

的问题，精辟地阐述了一系列基本理论问题和方针政策。数十年来,《讲话》的内涵与外延依然闪烁着精神力量。无数文艺工作者在这份精神财富感召下，开拓创新、锐意进取，创作了大量符合时代气息的文艺作品，推动了我国文艺事业的健康发展和全面繁荣。

结合《讲话》，总结陕西秦筝事业的复兴与蓬勃发展，无不体现了《讲话》精神的方向指引与路径选择的准确性与重要性。

筝，发源于秦地，史称“秦筝”，距今已有2300多年历史。现今所能见到的最早的筝乐历史文献，见于司马迁《史记·李斯列传》中的一段话：“夫击瓮叩缶弹筝搏髀，而歌呼呜呜快耳者，真秦之声也。”文中李斯表达的意思是，筝与缶给歌伴奏，其演奏的风格就是秦地的真秦之声。唐代大诗人白居易则以“奔车看牡丹，走马听秦筝”来表达盛世长安秦筝曾经的盛况。“秦筝何慷慨，齐瑟和且柔”，同样是对其独特音乐表达的审美解读！然而，这样具有悠久历史的乐器在岁月的流逝中，到20世纪初叶至新中国成立前在秦地几近绝迹。

1956年，西安音乐学院民乐系开设筝专业，基于萧条的发展现状，当代中国筝乐著名的理论大家、教育家、演奏家曹正先生授意当时的青年学子周延甲先生复兴秦筝。周延甲先生在1961年由文化部主办、在西安音乐学院召开的首届全国高等音乐院校古筝教材会议上正式提出了“秦筝归秦”的振兴理念（见《古筝迷胡曲集》)。即，源于秦地的筝，要在秦地振兴发展，要在秦地“筝筝日上”。那么秦筝流派的当代复兴该通过什么路径去实现呢？陕西筝派领军人周延甲先生贯彻了毛泽东同志“从延安出发，到人民中去”的思想，以一个优秀共产党员的文化自觉与朴素的民族音乐情感，提出了“秦筝归秦”实施路径的12字方针：“让筝说陕西话，让人民听得懂！”基于当时的历史现实，这样的话同样具有高瞻远瞩的战略意义。自此，在周延甲先生的带领下，经过60多年的努力，陕西筝派在理论的积累、人才的培养、作品的创作上成绩卓著，秦筝事业步入蓬勃发展的新时代，并已成为当代发展最快、业界最为瞩目的筝乐流派。其代表性曲目更是作为中国音乐最高奖“金钟奖”半决赛及决赛规定的选弹曲目。在如此高规格的重要赛事中，陕西筝派的作品占据四首规定曲目的半席，由此可见当今陕西秦筝之影响深远。

回望65年前，最初践行“秦筝归秦”这一理念的开山作品是改编自同名陕北民歌的筝乐作品《绣金匾》。周先生用陕西秦筝独有的作韵手法结合秦地的调式音阶，用筝的语汇来呈现《绣金匾》的地域风格与文化内涵。这首作品也被收录于1982年人民音乐出版社正式出版的《筝曲选（1949—1979）》中，此曲也是陕西筝派出版的第一部作品。此后，周先生又以陕西戏曲唱腔为母本，结合新的创作思维与演奏技法，创作出大量优秀的筝独奏曲，如《南泥湾》《秋夜筝》《秦桑曲》等。其中，《秦桑曲》获1989年中央电视台“山城杯”民族器乐大赛作品一等奖。之后，陕西筝派重要代表人物魏军、曲云教授以及作曲家饶余燕、景建树、周煜国、王中山、冯季勇、吴延等先后以饱满的热情与丰富的情感创作多首作品来呈现时代的精神风貌，如《行者》《大漠行》《水墨丹青》《弦板调》《笑春风》《锁风沙》《望秦川》《云裳诉》《秋夜思》《悦》《忆长安》《望雪》《境》等。这些作品以浓郁的地域风格与深情婉转的情感阐释来表达当代人的精神诉求，再现了文献中“繁音激楚，热耳酸心”的秦筝特色，也同样成为秦筝在当代复兴的重要佐证。值得一提的是，当年焦裕禄同志带领河南兰考人民在除“三害”斗争中大规模种植的泡桐树，多年来正是制作筝乐器的主要材料。饮水思源，周延甲先生以此创作了筝曲《白桐曲》，以表达对焦裕禄先生治沙精神的敬佩与颂扬。

我们常说传承，什么是最好的传承？不仅仅是秦地音乐作品风格的传承，更重要的是精神上的传承，时代精神的传承！周延甲先生一生对党怀有深深的感恩之情，他也是西安音乐学院为数不多的享受国务院政府特殊津贴的专家。在他晚年时，每每听到电视中播报新闻，都会激动地说：“感谢党的培养，是党给了我们文艺工作者如今的地位。”他同样教育学生们要珍惜党的培养与赋予文艺工作者的地位。中国共产党，是周延甲先生一生的力量源泉、情感支撑，是周延甲先生血脉相融、将心比心的初心印记！周延甲先生带领下的几代陕西筝人为秦筝的复兴发展做出了巨大贡献，这是一份弥足珍贵的精神财富，也是以实际行动落实《讲话》精神的具体体现！

今天，重温毛泽东同志《讲话》，这份指引着党领导文艺工作前行方向和思想理论的重要文献依然闪烁着时代光芒。习近平总书记在2014年的文艺工作座谈会上讲道："我国作家艺术家应该成为时代风气的先觉者、先行者、先倡者。"[①] 反观当下，文艺工作者又该如何践行毛泽东同志的讲话精神以及习近平总书记的文艺工作指导思想呢？

作为陕西文艺工作者的一分子，我们有责任和义务沿着先辈们的足迹向前走。基于《讲话》发表80周年及党的二十大即将召开的重要时间节点，笔者于2022年4月策划委托西安音乐学院作曲家创作筝与群筝作品《回延安》，作品将运用陕北民歌、安塞腰鼓、陕北说书等民间音乐素材去表达陕北人民当代的生活、情感、追求。同时笔者也希望带领西安音乐学院秦筝乐团的50位青年学子以朝拜之心身体力行地回到延安，在红色革命圣地延安宝塔山下记录这首作品的视觉影像，以一场筝乐红色经典音乐会向人民呈现秦筝的当代语言。向深具历史意义的延安精神致敬！为《讲话》发表80周年及党的二十大献礼！

习近平总书记深刻指出："文艺是时代前进的号角，最能代表一个时代的风貌，最能引领一个时代的风气。"[②] 我们希望以咏唱与弹奏结合的形式来表达当代人的时代情感，也希望以丰富的筝乐拍击与镲弦语言来表现激越的安塞腰鼓，展现人民的幸福生活与坚定的文化自信。在传承地方音乐风格的同时，着力表现"一切

① 习近平：《在文艺工作座谈会上的讲话》，《人民日报》2015年10月15日。
② 习近平：《在文艺工作座谈会上的讲话》，《人民日报》2015年10月15日。

为了人民”的新时代中国特色社会主义文艺精神。

从毛泽东同志的《讲话》到习近平总书记的“重要论述”，从周延甲先生的《绣金匾》到当下的《回延安》，这是一种一脉相承且具有现实性和与时俱进意义的精神传递。希望以此践行《讲话》中体现的“二为”方向和“双百”方针，高扬“重要论述”中繁荣发展新时代中国特色社会主义文艺的光辉旗帜，落实为人民服务、讴歌人民的幸福生活之宗旨，为时代放歌，讲人民故事！

（原载《音乐天地》2022 年第 6 期）

《入党誓词》的音乐表达

杨和平

一首《党旗下的誓言——为“中国共产党入党誓词”谱曲》(以下简称《入党誓词》，陈大明作曲)[①]音声悠扬，乐声铿锵，“忆”历史凝聚共识的过去，“言”和平发展合作共赢的现在，“话”新时代共振奏响的未来，“歌”中华民族伟大复兴的中国梦。这首由西安音乐学院创作，上海音乐出版社、上海文艺音像电子出版社联合出版的《入党誓词》，不仅高亢激昂、热血澎湃地唱出了对中国共产党和祖国赤诚炽热的爱，更唱出了改革开放、创新发展的豪情壮志。以唱为学，以歌明志，践行共产党人“不忘初心、牢记使命”的坚定信念。

一、互为载体的历史表达

音乐对于一个国家、一个民族的文化使命，在把情感提升到深层文化境界方面，或许是最有力量的。言为心志，歌为心声，

① 这部声乐特辑包含MV、混声合唱、男高音独唱、女高音独唱、男女声对唱、乐队伴奏、钢琴伴奏七种形式。

动听的歌曲不仅能够反映出时代的风貌，而且能唱出时代的最强音。音乐艺术院校如何将“音乐艺术与高校思想政治教育结合起来，是新时代高等音乐院校育人的新课题。将《入党誓词》谱曲就是西安音乐学院的一次新尝试”，西安音乐学院党委书记张立杰教授如是说。入党宣誓，不仅是一种荣耀，也是一种教育，更是一种激励。从红军时期的“严守秘密，服从纪律，牺牲个人，阶级斗争，努力革命，永不叛党”；到抗战时期的“我志愿加入中国共产党，坚持执行党的纪律，不怕困难，不怕牺牲，为共产主义事业奋斗到底”；到解放战争时期的“我志愿加入中国共产党，作如下宣誓：一、终身为共产主义事业奋斗；二、党的利益高于一切；三、遵守党的纪律；四、不怕困难，永远为党工作；五、要做群众的模范；六、保守党的秘密；七、对党有信心；八、百折不挠永不叛党”；再到中华人民共和国成立初期的“我志愿加入中国共产党，承认党纲党章，执行党的决议，遵守党的纪律，保守党的秘密，随时准备牺牲个人的一切，为全人类彻底解放奋斗终身”；直至党的十二大以来的“我志愿加入中国共产党，拥护党的纲领，遵守党的章程，履行党员义务，执行党的决定，严守党的纪律，保守党的秘密，对党忠诚，积极工作，为共产主义奋斗终身，随时准备为党和人民牺牲一切，永不叛党”的入党誓词[①]，可以看出，共产党人心怀敬畏与良知，“少年心事当

①《中国共产党各时期的入党誓词》，人民网·中国共产党新闻（http：//cpc.people.com.cn/GB/64146/65682/4442302.html.）。

拿云，谁念幽寒坐呜呃”。回望过去的烽火岁月，共产党人是中国革命之源，是中华民族的先锋队，以大无畏的牺牲精神，为中国革命事业建立彪炳史册的功勋。在探索革命道路的实践中，铸就了一心为民、求真务实、坚定信念、清正廉洁、艰苦奋斗、无私奉献的精神。“不忘初心，方得始终。”共产党人以民族复兴为己任，追求卓越，奋勇拼搏，书写新时期人类命运共同体的辉煌篇章。

音乐是时代前进的先锋号角，高唱《入党誓词》固本培元，就是立足唯物史观，重温入党时的决心与信念；坚持严以修身，以浪漫主义情怀观照共产党人的庄严承诺和干事创业的精气神。听罢《入党誓词》歌曲，一种久违的感觉涌上心头，铿锵、激越的旋律充溢着挥斥方遒、血气方刚的豪迈之情，让人久久回味，以歌曲的形式为中国梦注入磅礴的正能量。忆往昔，抗日救亡与解放战争时期的群众歌曲，作为历史的存在，已经印刻在中国共产党人的史册上；看今朝，一首《入党誓词》歌曲，作为现实的反映，它时刻提醒着共产党人要有一种“我们从哪里来？我们走向何方？”的历史感。以史为鉴，以历史为刻度铺展未来，并确立历史自觉和文化自信。“述往事，思来者”，把“古”“今”“后”视为连续不断的整体，“让历史说话，用史实发言”，从史实中构建“意义世界”。词是“中国共产党入党誓词”，曲是作曲家由此及彼的音乐创造，二者互为载体，在历史中表达，在现实中升华。

二、词为本体的乐意表达

音乐的精神，在诗意中体悟。每个作曲家都是诗人，诗意栖居在他们的潜意识里，同时将这些传达给欣赏者，让聆听者静静感受并感动他们的心灵。作曲家应该有一种人文关怀的责任，是公义良心的捍卫者，是社会的瞭望者，是具有优秀人文品质的思考者。对人类现代困境的探究有着高度自觉，有着热情的精神生活和激烈的思想碰撞，以包容姿态自由地穿梭于历史的时空中。他们以自己对精神标准的不懈践行与社会生活的审美价值，缘情言志，气格文采冠时流，敢于迎顶逃向虚无及极度世俗化的涌潮，敢于敲打到人类的痛处，敢于推翻世俗的观念，敢于进入思想史中做再思考，敢于进入世界的格局里，敢于抵御和摒弃人性中潜在的恶，敢于摧毁精神的墨守成规，依赖内心的感动来表达真实自然的爱，坚韧地追索和固守艺术之真义，殚精竭虑地为求真而奋发、为尽善而守望、为尽美而创作，为人类的进步和党的誓言而呐喊。《入党誓词》由西安音乐学院作曲系教授陈大明[①]谱曲，是西安音乐学院、上海音乐出版社、上海世纪出版（集团）有限公司、上海文艺音像电子出版社共同编辑，为庆祝“中国共

---

①陈大明，作曲家，国家二级教授，陕西省“三五人才”专家，西安音乐家协会副主席，西安音乐学院学术带头人、硕士研究生导师，曾获西安音乐学院“优秀教学成果奖”。（转下页）

产党成立 98 周年”“中华人民共和国成立 70 周年” 而出版的音乐特辑。这首音乐作品的创作是“长句紧缩、短句展开，警句重音、尾句升华”[①] 的通俗平易、大众化的视听表达。全曲高亢激昂、热血澎湃，旋律朗朗上口，易于传唱；“显示出一种内在的生气、情感、灵魂、风骨和精神”[②]，刻画出了共产党人满怀理想、坚定豪迈的形象。它激励着共产党人牢记初心和使命，砥砺奋进，践行党的誓言与宗旨。陈大明在专辑发布会上表示：重温入党誓词，“信之愈深、行之愈笃”，是践行共产党人人生信念的行动指南，唱响新时代激昂奋进的恢宏乐章。

《入党誓词》为单二部曲式，^{b}E 大调。前奏由 4+6 两个不对称的乐句构成，前一乐句为弱起乐句且由两小节相似的乐节构成，其旋律围绕在 ^{b}E 大调的主和弦音上展开，乐句最后落到Ⅵ级音上形成半终止。第二乐句前两小节的旋律，通过二度级进上行

（接上页）要创作的音乐作品有：《山村教师》《梦里也想家》《黄河从我身边流过》《穆桂英》《黄河恋歌》《山妹参军》等千首歌曲；《华夏魂》等 6 部交响乐；《龙抬头》等 4 部民族管弦乐；《兰花花》《后羿射日》等多部大型民族舞剧；《和》等 4 部室内乐；《秦风》《biang biang 面》《苏武牧羊》《金蛇迎春》等 20 余部舞蹈音乐；为《错爱》《结婚十年》《军医》《青春集结号》《好好过日子》《关中男人》等 50 余部电视剧、电影创作音乐。其中，有百余首作品曾荣获原广电部“广播新歌”创作奖、中宣部“五个一工程奖”、“文化音乐创作奖”、文化部中国戏曲节作曲一等奖、文化部第九届全国音乐作品比赛三等奖、中国台湾“国际艺术歌曲比赛”第一名、中国戏剧节优秀作曲奖等奖项。

①《党旗下的誓言——为“中国共产党入党誓词”谱曲》声乐特辑的宣传手册。

②［德］黑格尔：《美学》，朱光潜译，商务印书馆 1979 版，第 24 页。

营造出强烈的推动感，乐句最后结束在主音上，乐句的最后两拍出现了 ^{b}E 大调的属音，与下一个乐段的第一个音相同，构成顶真关系。

前奏结束，进入人声独唱乐段，该乐段由 4+4+4+3 四个乐句构成，每个乐句都结束于时值为四拍的全音符长音上，句读感鲜明。从调式上看，该乐段旋律具有中国民族调式气质，使用了五声音阶，且每一乐句都结束在不同音高上，前三个乐句通过句尾音和句首音的上行二度关系相互关联。第三句的句尾音上行四度到与最后一句的句首音，最后结束于宫音上，该乐段为 ^{b}E 宫五声调式。从材料上看，该乐段的四个乐句为对比性乐句。第一乐句节奏悠长，第二乐句的节奏马上变得密集，音符加快，与前一乐句形成鲜明对比，后面两个乐句的节奏密度则介于前两个乐句之间。

最后进入合唱部分，该乐段由 8+4+6 三个不对称乐句构成，上下声部为三度关系，节奏与旋律线完全对齐且一致。从调式上看，出现了Ⅶ级音，构成六声音阶，与前一乐段相同，该乐段的每个乐句也都结束在全音符长音上，前两乐句分别结束在属和弦音和Ⅵ级音上形成半终止，乐曲最后落在宫音上，乐段为 ^{b}E 宫六声调式。从材料上看，第一乐句与第二乐句同头，形成呼应，第三乐句则与前两句互为对比乐句。该乐段的乐句长度不一，句读划分与其歌词相匹配，分句和节奏设计完全贴合语言习惯，旋律的创作灵活配合歌词的需要在情绪和形式上达到统一，最后乐曲在递增的、坚定的“永不叛变”歌声旋律中结束。作曲家陈大明教授说：“我是一个老党员，把《入党誓词》谱成曲子，是我的使命担当。为谱写这首《入党誓词》曲子，我彻夜未眠、思绪万千。”“我无数遍地朗诵《入党誓词》，也无数次地分析《入党誓词》，字斟句酌、反复琢磨、深刻理解，想到了我在党旗下举起右手宣誓的情景”，“最终成就了这首《入党誓词》歌曲，展示出我对《入党誓词》的乐意表达”。

三、词乐一体的美学表达

音乐，几乎可以说是世界上最伟大的力量了，她或使人愉悦，或使人悲伤；或使人振奋，或使人低迷……音乐传达着人们内心深处的情感和精神；音乐，是一个国家的软实力，是一个民族的血脉和精神家园。前者是音乐思想性的根本体现，是音乐之“魂”；后者是音乐生产力的重要依托，决定着音乐精神价值的传播力和影响力，是音乐之“体”。《入党誓词》的意蕴，不仅表达着中国共产党人的终极追求，而且传达着中国共产党人的理想信念；《入党誓词》的乐意，不仅体现出作曲家对《入党誓词》的深度理解，而且也彰显着作曲家的技巧和美学阐释。

从中国传统美学视域论，中国的形而上是生命的体系，美在意象，“生命的体系”突出“象”，音乐美感是体验，重在“了解世界的意趣（意味）”，音乐审美活动的本质在于意象的生成。

"意象"不是思虑推论的结果，是本来如此。"象"，"由中和之生命，直感直观之力，透入其核心（中），而体会其'完形的，和谐的机构'（和）"，"乃为直接欣赏体味（赏其意味）之意象"，"而以解放活跃之情绪抚摩体贴之，而意味出矣，音乐生矣，生命适悦矣"。[①]从"天人合一"思想的角度说，意象是被创造出来的，是在当下生成的世界；音乐之美感（审美体验）是在瞬间直觉中创造的一个既完整又充满意蕴的感性（意象）世界。宗白华认为"象如日，创化万物，明朗万物"，意象是"照亮"人与万物一体的本真世界，审美则是"照亮"万物让万物显现自身。这里的"光亮"源自人的心灵，"心"是照亮美的光之源。它与人生（生命）紧密相连，显现着本然的生活世界，并具有时间性和不可重复性。同一个人在不同时间创造的意象世界不尽相同，不同的人所创造的意象世界更是大相径庭。强调重视心的作用、精神的价值，这里的"心"是指具有能动作用的意义生发机制，即赋予自然（物质世界）各种各样的意义、对"美"的判断。其目的在于提高人心对于意义的创造和承载能力，它可以照亮人与万物一体的生活世界，照亮人生，照亮存在的意义；使人获得心灵的喜悦，更好地体验（感受）人生，提升审美境界。在中国古代哲学中，"自然"（物质世界）是充满意味和情趣的有生命的世界。王夫之的"现量说"，认为"'现'有'现在'义，有'现成'义，

①宗白华：《形上学——中西哲学之比较》，载《宗白华全集·第一卷》，安徽教育出版社1994版，第627页。

有‘显现真实’义。‘现在’，不缘过去作影；‘现成’，一触即觉，不假思量计较；‘显现真实’，乃彼之体性本自如此，显现无疑，不参虚妄”[①]。他表明“现量”是“因情因景，自然灵妙”，“情景合一”是一个原本就有的、纯粹被给予的世界，“情景名为二，而实不可离。”“夫景以情合，情以景生，初不相离，唯意所适”[②]。美感就是“现在”。王夫之认为，体验的最原始含义就是当下直接的感兴，即“现在”。他强调“心目之所及”“身之所历，目之所见”，审美体验的“现在”，存在“直接连贯性”，具有瞬间性、历史性、连续性与非连续性的特点，是一种“意义的丰满”。时间超越自身，具有瞬间无限（永恒）的含义，瞬间（刹那）不会中断历史。

从西方美学的角度说，哈贝马斯的“认识或理论的对象化把握的整体”“具体生活的非对象性的整体”，也就是胡塞尔所说的“生活世界”。在本来如此的“意象”中，我们能看见事物的本来样子。海德格尔“美属于真理的自行发生”“美是作为无蔽的真理的一种现身方式”的论断，美来自心灵的映射，意象原本就存在于心灵（本真世界）“显现”（“出场”）中。马丁·布伯指出，只有“现在”才能够“照亮”本真的存在，而“现在”是超越主客

①叶朗：《从“美在意象”谈美学基本理论的核心区如何具有中国色彩》，《文艺研究》2019年第8期。

②叶朗：《从“美在意象”谈美学基本理论的核心区如何具有中国色彩》，《文艺研究》2019年第8期。

二分的存在，正如伽达默尔所说“一种审美体验总是包含着某个无线整体的经验”，狄尔泰所说“仅仅在现在，才有时间的充满，因而才有生命的充满”。宗白华审美的人生态度是“把玩‘现在’，在刹那的现量的生活里求极量的丰富和充实”。人本来就生活在有历史、有文化的“情景合一”世界中，人与世界本是不可分割的，审美既是对本来的“自然”状态的复归，又是对“自我”局限性的超越。这种生存论上的复归观念，强调“反本复性”，回到最初的本心本性，获得觉悟。从这个意义上说，《入党誓词》是一曲神光照耀下的灵魂悲歌，描写生命与存在相遇的高峰体验，对存在的终极意义做形而上的沉思。它是共产党人的华彩乐章，用充满赞叹的语言，包含着短暂人生中的永恒价值，具有美的神圣性。灵魂渴望向高处飞升，“灵魂说出自己的在场”（巴什拉语），是人、灵魂、心灵存在的直接产物。将人生神圣性价值的追求融入共产党人的生命历程，在历练中思考存在的终极意义，从《入党誓词》中读出了中华民族的历史意蕴、精神力量和追求。人生的终极意义就在于人生的艺术化，就是追求审美（诗意）的人生，对“万物一体”的智慧和境界的领悟，不再是在精神上实现对宗教彼岸世界的憧憬。对一个充满苦难“有涯”人生的超越，是在现实世界中寻找一种人生的终极（绝对）意义，获得精神的自由和灵魂的重生。

听到《入党誓词》这首具有崇高意义的歌曲后，我很是感慨。音乐是为人民服务的，无论表达思想还是陶冶性情，人既是出发点又是归宿处。犹如“文皆居于其心”，是人对自然、世相的真情实感与表达。音乐之所以感人，重在言之有物，抒己心声，启人心扉，即对社会的贡献。不忘初心，砥砺前行，生活四海，起伏不定，勇敢地寻找信仰的力量，无畏地做矢志不渝的“逐梦人”“实干者”！

［原载《交响（西安音乐学院学报）》2019 年第 4 期］

历史的回声　时代的号角

——读《党旗下的誓言》歌曲专辑有感

吕　品

在中国的音乐审美观念中，讲究顺应自然、尊重自然，追求天人合一的和谐关系。人声接近自然，故而备受推崇。《礼记》中记载："歌者在上，匏竹在下，贵人声也。"魏晋时期提出了"丝不如竹，竹不如肉"的观点，认为"肉"即人声，是最"渐进自然"的声音。因此，人声更适合于内心情感的表达，并通过口耳相传，使传播内容更加广泛、深入。

一首好的歌曲能够反映人民心声、抒发豪情壮志，体现民族精神、塑造高尚品格。孔子把礼和乐作为相辅相成、不可分割的一个整体。"移风易俗，莫善于乐。安上治民，莫善于礼。"在孔子看来，实施礼乐的最终目的是要使人具备"德"的品行，从而达到政和、人和，以此来维系国家秩序、保证国家长治久安。自"五四"新音乐运动以来，声乐体裁尤其是歌曲，就一直占据重要地位，在 20 世纪三四十年代的延安就更是如此。歌曲短小精悍、通俗易懂，是具有广泛群众性的艺术形式，适宜于表现政治性、革命性的内容，产生极强的鼓动性和号召力。勇往直前的毅力、坚强伟大的决心，雄浑的战歌、炽热的砥砺、真挚的友谊、贴心的关怀，定格为永恒的旋律。歌声是时代抒发情怀的重要手段，歌声汇成时代不可抗拒的壮阔洪流。歌声伴随着新中国走向胜利，见证着共和国勇往直前，人们在歌声中战斗、生活、拼搏、前进。

一、《党旗下的誓言》是一个普通党员对党的朴素情感

从古至今，歌曲在中国民族音乐的传承和发展中占有重要地位。我国最早的、最古老的艺术歌曲可以追溯到西周时期的《诗经》。到了近代，歌曲这种艺术形式也产生了广泛的影响。习近平总书记讲，建立中国共产党、成立中华人民共和国、推进改革开放和中国特色社会主义事业，是“五四”运动以来我国发生的三大历史性事件，是近代以来实现中华民族伟大复兴的三大里程碑。而歌曲这种艺术形式伴随了党和军队发展壮大，直到夺取政权、进行经济建设的全过程，在其中发挥了重要的作用。在党的历史上，在夺取政权前后，各个历史时期的重要节点在歌曲中都有所反映。词曲作家用自己独特的方式，自发地自觉地表达着对党、对国家、对人民的热爱。词曲作家以手中的笔生动描绘了历史，传唱着历史，反映了历史。例如：建党初期，由于客观条件的制约，没有条件自己创作，所以传唱最广的歌曲是作为第一国际和第二国际会歌的《国际歌》。1920 年，中国首次出现由瞿秋白译

成的中文版《国际歌》。后由萧三在莫斯科根据俄文转译、由陈乔年配唱的《国际歌》开始在中国传唱。苏联的情况也一样，20世纪20年代以《国际歌》为国歌，并在1944年把《国际歌》作为联共（布）党（后改名苏联共产党）党歌。

红军时期，歌曲《三大注意八项纪律》被誉为“红色经典第一歌”和“中国第一军歌”，它利用苏区流行的歌谱改编而成。《三大注意八项纪律》确立和发展了党令、军令的基本原则，解决了军队的纪律问题，为革命根据地的发展壮大和中央苏区的巩固发展提供了坚强保障，为夺取新民主主义革命的完全胜利发挥了极为重要的作用。这首歌曲经久不衰，在1984年洛杉矶奥运会上，当中国大陆和台湾的代表团先后入场时，军乐队都演奏了这首歌。

抗日战争时期，左翼音乐运动以歌曲作为武器——以《义勇军进行曲》（田汉词、聂耳曲）、《大刀进行曲》（麦新词曲）为代表，推动民族解放运动。抗日救亡歌咏运动从上海、武汉转向延安后，延安被称为“歌咏城”，以《黄河大合唱》（光未然词、冼星海曲）为代表，仅陕甘宁边区、晋察冀抗日根据地就创作歌曲超过千余首，这些歌曲的广泛传播鼓舞了士气，振奋了精神，为我党我军夺取抗日战争的胜利发挥了重要作用。

解放战争时期，马可随延安“鲁艺”前往东北途中，于1947年在鞍山钢铁厂创作《咱们工人有力量》（马可词曲），极大地鼓舞了工人阶级和广大群众支援解放战争的热情，为党夺取东北政权、解放全中国做出了积极的贡献。

新中国成立初期，歌曲《社会主义好》(霍希扬词、李焕之曲)、《唱支山歌给党听》(姚筱舟词、朱践耳曲)教育和影响了新中国几代人的思想和成长。

改革开放以后，《春天的故事》(蒋开儒、叶旭全词，王佑贵曲)、《走进新时代》(蒋开儒词、印青曲)用叙述的笔触和亲切感人的音乐语言，记录了改革开放以来新中国发生的翻天覆地的变化，讴歌了国家的富强繁荣，展现了一幅气势恢宏的壮丽画卷。

今天，我们党员干部在思考，为什么我们需要“不忘初心、牢记使命”主题教育。国家经济建设取得了举世瞩目的成就，一些党员干部在一片喝彩声、赞扬声中丧失了革命精神和斗志，逐渐陷入安于现状、不思进取、贪图享乐的状态，忘记了红色政权是从哪里来的、新中国是怎么建立起来的。

我们正在进行实现中华民族伟大复兴的新长征，在这种背景下，西安音乐学院陈大明教授为入党誓词谱曲的《党旗下的誓言》，以歌曲这种短小精悍的艺术形式，来重温历史，不忘历史、不忘初心。歌唱入党誓词，形象化地牢记党的理想信念和根本宗旨，是一个普通党员自发地自觉地抒发对党和国家的热爱和忠诚，也是一名文艺工作者的职责和担当。新时期，只有继续发扬革命战争年代的那种奋斗精神，勇于战胜各种艰难险阻、风险挑战，才能奋力夺取新时代中国特色社会主义新胜利。

二、《党旗下的誓言》是时代的产物

新中国成立后，在党的领导下，经济飞速发展，人民生活得到极大改善。但是，随着物质生活的极大丰富，深醉于物质享受中不可自拔的现象较为突出，一些人不择手段、铤而走险，缺失了信仰、迷失了自我。

在社会一定层面上、一定范围内出现了物化倾向，出现了精神世界的崩塌。鲁迅先生说过，要改造国人的精神世界，首推文艺。要筑牢信仰之基、补足精神之钙、把稳思想之舵，文艺工作者、音乐家可以做些什么？创作出传递正能量、引领新风尚、无愧于时代的优秀作品恐怕是最有力的行动。

《党旗下的誓言》这首歌以文艺工作者的高度自觉，顺应了时代的发展，重塑了人的精神需求。以音乐的形式重温入党誓词，提醒我们，中国共产党人依靠坚定的理想信念一路走来，也将胸怀坚定的理想信念面向未来。我国将近 14 亿人口，9000 多万党员。党风正则民风淳，政风纯则社风清。党员干部坚持做到以上率下，引领风气之先。风清气正必然会成为一种社会生态、社会常态。

三、《党旗下的誓言》需要走得更远

优秀歌曲在审美中始终贯穿着情感体验，抒发作者的真切感受，音乐形象的塑造也是发自内心的、由内而外的，没有矫揉造作和过多的粉饰，是真实情感的体现，即所谓情动于中而行于外。这样才能够充分抒发内心的真实情感，才能被更多的人喜爱，传播得更加广泛。第一次听到《在党旗下的誓言》这首歌，着实眼前一亮——气势磅礴，节奏鲜明，旋律朗朗上口。歌辑出版以来，相继在上海中共一大会址、延安中共七大会址、井冈山、西安八路军办事处、遵义会议纪念馆举办传唱与赠送仪式，目的很明确，就是让入党誓词插上音乐的翅膀，从革命圣地唱响，飞进每位共产党员的心田，激励全体共产党人践行党的宗旨和誓言，筑牢初心和使命。这个创意很好，这个策划很精彩。《党旗下的誓言》对入党誓词的入脑入心，对树立共产党人的理想信念，其积极的推动作用是不容置疑的。但它还有很长的路要走，还应该走得更远。有两点值得我们注意。

（一）对延安文艺精神的继承和发展

2019 年 10 月，我们迎来了中华人民共和国 70 周年华诞，全国上下沉浸在歌声的海洋中，其中唱得最多的是《我和我的祖国》。为什么唱这首歌，为什么这首歌能够唱红呢？

从抗战歌曲开始，从延安时期开始，这些唱遍大江南北的革命歌曲都和陕西、延安有着千丝万缕的关联。延安时期的音乐对民族传统的继承和发扬，达到了后人难以逾越的高度。延安“鲁艺”是夺取东北的文艺先遣力量，东北“鲁艺”音乐部，也就是后来的沈阳音乐学院，从整体上继承了延安“鲁艺”的衣钵，继承了延安音乐的精神和灵魂。延安时期最擅长写歌的安波、李劫夫在辽宁省音乐家协会和沈阳音乐学院。李劫夫擅长写抒情歌曲，以“民歌绝句”闻名，常常自作词并谱曲，比如他自作词的三拍子抒情歌曲《革命人永远是年轻》（歌剧《星星之火》选曲，1949）。秦咏诚是李劫夫的学生，创作出《我和我的祖国》这首思想性和艺术性高度统一的歌曲就不足为奇了。

再如延安文艺中关于中国新歌剧的重要创作经验。《白毛女》（1945）被认为是我国“五四”运动以来歌剧创作中的一个里程碑式的重要作品，它成功地创造性地运用了河北、山西、陕西等地的民歌和戏曲音调，为以后的歌剧创作打下了坚实的基础。8年后，为中央戏剧学院歌剧系教学实习而创作的歌剧《小二黑结婚》（1952），马可是主要作曲者。如果说《白毛女》创立了中国歌剧的发展思路的话，《小二黑结婚》则确立了中国歌剧的发展道路。后者比前者走得更远，它解决了歌剧音乐戏剧化的问题。《白毛女》基本是以民歌为基础的，而《小二黑结婚》则以戏曲音乐为基础，音乐形象更为丰满。歌剧《小二黑结婚》对人物的音乐形象刻画较为成功。第一场中马可作曲的小芹河边洗衣的著名唱段《清凌凌的水蓝莹莹的天》，曲调明朗愉快，感情充沛。当转到对小二黑的思念时，通过节奏和曲调的变化反映出小芹的心理起伏变化。在技术处理上，《清凌凌的水蓝莹莹的天》采用了戏曲音乐处理大段唱腔常用的【散板】—【慢板】—【二六板】—【快板】—【散板】的结构手法，表现出小芹复杂的思想情感变化。马可分析说：“我们感觉到过去新歌剧的创作在处理抒情场面上还没有得到充分的发挥。我们能够采用民歌体的曲调表现某些优美的感情片断（如《白毛女》中的‘北风吹’‘扎头绳’，《王贵与李香香》中的兄妹对唱等处）。但进一步将这种感情予以引申发展，就需要向戏曲音乐借鉴。……在《小二黑结婚》第三场中小芹二黑相会的场面，剧作者有意识地处理成大段地抒情歌唱，全部唱词二百多句。作曲者写到这里感到非常困难，几乎写不下去了。后来我们请郭兰英同志按照山西梆子的处理方法唱了一遍，并进行记谱，这给了我们很大的启发。”[①] 对这部歌剧在音乐创作中所采用戏曲音乐素材不统一的问题，马可说：“有的说这是‘三梆（山西、河南、河北梆子）一落（落子——评戏）’——其实就引用的地方戏曲种类来看还不止是‘三梆一落’——令人听来很不习惯，缺乏完整的印象。这个问题在创作进行的过程中就已发现了的，但当时觉得在现有的主观能力条件下，过分强调统一给予大家的限制太大，‘统一’的结果也许会把原来可能产生的一些优美曲调窒息了的。”[②] 应该说，这些问题不妨碍马可在新歌剧探索道路上所取得的成功，他作为《白毛女》《小二黑结婚》两部具有开创

---

①马可：《在新歌剧探索的道路上——歌剧〈小二黑结婚〉的创作经验》，载中国戏剧家协会编《新歌剧问题讨论集》，中国戏剧出版社 1958 版，第 393—394 页。

②马可：《在新歌剧探索的道路上——歌剧〈小二黑结婚〉的创作经验》，载中国戏剧家协会编《新歌剧问题讨论集》，中国戏剧出版社 1958 版，第 399—400 页。

性作品的主要作曲者，所取得的成就至今无人企及。反观我们现在的一些歌剧创作，不仅音乐的戏剧性没有汲取延安文艺的创作经验，甚至剧本的戏剧性也丢掉了。越来越多地运用西洋歌剧咏叹调，投资规模一部比一部宏大，舞美设计越来越花哨，可是在人物形象的刻画上却显得单薄，舞台表演的灵魂被消解了。

从抗战到新中国成立初期，像《黄河大合唱》《咱们工人有力量》《社会主义好》等这些歌曲，都是思想性和艺术性的高度统一、大众化和民族化的高度结合，高度契合了时代的精神需求，自发创作、自觉地广为传唱。延安“鲁艺”不仅培养了大批音乐人才、创作了大量脍炙人口的歌曲，还为新中国音乐文化建设储备了人才、蓄积了力量，为新中国音乐发展奠定了坚实的基础。但是随着新中国的成立，人员的迁移，创作经验也随之迁移，其中的经验教训值得我们汲取。

（二）对歌曲传播规律的研究与探索

习近平总书记在全国宣传思想工作会议上强调，意识形态工作是党的一项极端重要的工作。“文艺是时代前进的号角，最能代表一个时代的风貌，最能引领一个时代的风气。”歌曲擅长传达、表现情感，再加上歌词具有明确的语义性，因此，更容易培育共同的情感和价值、共同的理想和精神。创作一首歌看起来不难，唱遍大江南北却很难。一首歌能用到的作曲技术不多，但真正做到深入浅出却非常不易。

有些歌曲创作完成后能够一炮而红，比如歌曲《难忘今宵》在1984年春晚上一唱成名，纵横春晚30余年，至今久唱不衰。《我和我的祖国》(张藜词、秦咏诚曲)，先有曲，后填词。从20世纪80年代唱红到现在近40年，今天已成为一首庆祝共和国生日的标志性的歌曲。《党旗下的誓言》自2019年2月以来，几乎每天在央视播出，新闻频道系列快闪先后在首都机场、深圳北站、三沙、鼓浪屿、成都宽窄巷子、武汉黄鹤楼、广东乳源新时代文明实践中心、长沙橘子洲头唱响，单期节目平均全网总浏览量达5亿—6亿。

有些歌曲则需要时间的检验和长时间的打磨，常唱常新、常改常新。抗日战争时期流行的一首歌曲《抗日将士出征歌》，原是流行于吴堡一带的陕北民歌《打南沟岔》，1937年经李劫夫改编为《献给八路军出征将士》，在流传过程中还演变为《抗日将士出征歌》。34年后的1971年，陕西文艺工作者将其改编为五首革命歌曲之一，再次唱红大江南北，也就是我们熟悉的《工农齐武装》。

文艺作品对于人的精神世界的塑造是潜移默化、润物细无声的。研究这些歌曲的传播过程可以发现，其并不是通过强制性手段进行传播的，而是春风化雨，入脑入心。但当大众普遍接受后，它又成为约定俗成的所谓“标志”，带有“强制”的意味，因为它和固定的时间、场合联系在一起，作为某种仪式的重要组成部分呈现出来。

《党旗下的誓言》这首歌曲从形式和内容上讲，也是一首标志性歌曲。但党章并没有规定党员必须要唱这首歌，我们有 9000 多万党员，识谱的党员并不多，如何让这首歌曲在党员中传唱并传播开来呢？这不是仅仅局限于开几场座谈会、发布会所能解决的，而是要符合歌曲传播的规律。一方面，从创作的角度讲，结构简单、旋律优美、朗朗上口的歌曲往往能够给人留下深刻的印象，有利于人们记住它。另一方面，从歌曲传播的过程讲，一首歌曲要想唱红，被受众接受，需要根据受众的需求进行调整，以受众认同的方式实现传播的有效性，并根据受众的反馈来检验传播的效果。

综上，歌曲《党旗下的誓言》饱含了一个普通党员对党的深厚情感。在经济飞速发展的时代，它像一股清流，让我们重温党的誓言，对重塑党员理想信念、弘扬时代精神具有特殊意义。希望《党旗下的誓言》这首歌能够经得起时间的检验，更加广泛地传播，让更多的人受益，反过来让这首歌走得更远。

[原载《交响（西安音乐学院学报）》2019 年第 4 期]

《党旗下的誓言》音乐创作分析

郭　强

2019年是中国共产党成立98周年，是新中国成立70周年，也是西安音乐学院建校70周年，在全党上下开展“不忘初心、牢记使命”主题教育之际，在西安音乐学院加紧“双一流”建设的背景下，校党委组织为《党旗下的誓言——为“中国共产党入党誓词”谱曲》创作与推广活动来迎接中国共产党成立100周年，以歌咏史，以歌咏志，以实际行动践行毛泽东同志《在延安文艺座谈会上的讲话》和习近平总书记《在文艺工作座谈会上的讲话》精神，为人民创作，为人民服务，与人民同心，与时代同行。让中国共产党入党誓词插上音乐的翅膀，飞进每一位共产党员的心田，让广大共产党人始终牢记入党誓言，坚守全心全意为人民服务的宗旨。在社会主义文艺事业的大发展、大繁荣中，做出我们音乐工作者应有的贡献。

笔者预从六个方面谈一谈陈大明教授《党旗下的誓言》这首歌曲的创作技术，陈教授为谱写入党誓词付出了超常的智慧与辛勤的劳动。

一、悉心研究誓词 巧妙设计结构

歌词是歌曲创作的依据，因为歌词通过文学的表达方式可以规定歌曲的意境，这通常是歌曲创作的前提。当然也有“先有曲后填词”的情形，诸如歌曲《我和我的祖国》。但这是非常规的情况，多数歌曲都是先有词后谱曲。音乐创作所使用的常规歌词通常为两段体或三段体，段体内部多由对仗工整的平行句构成，如歌曲《大海啊故乡》。

《党旗下的誓言》也是一首典型的 A B 两段体结构歌曲。A 段为歌曲的主歌部分，由四句词组成，主要是进行叙述，情绪平稳，为 B 段做情绪上的铺垫。B 段为歌曲的副歌部分，即歌词后半部分，也是歌曲的高潮部分，通常由四句或者八句歌词组成，以抒情为主，情绪提升，激昂振奋。其常规歌词的每一段字数上下句要基本一致，一般相差一两个字，其目的是便于谱曲，容易构成上下平行的乐句，方便乐意的表达，且 A B 两段对应的句子字数也基本一致，字数相差不能太多。

非方整结构的歌词对于任何作曲家来说都是一个技术挑战，因为它不符合音乐创作乐句与乐段结构的基本要求。中国共产党入党誓词短短 80 个字，概括了党对党员的要求，是全体中国共产党人初心使命的集中体现，是每一位共产党员面对党旗对党做出的郑重承诺，但入党誓词并不是歌词，它不是为了谱曲而作的，所以它无法按照歌曲创作的常规方法进行谱曲。《入党誓词》是由11个字数不等的排比句构成党员对党的承诺，这显然不符合歌曲创作对歌词的基本要求，也很难划分乐曲段落结构，这就意味着我们很难用常规的作曲技法进行谱写。

陈大明教授在充分理解誓词词义的基础上，创造性地将入党誓词用两段体手法进行词义划分，A段主歌部分15小节四句体，讲出了党和人民对党员的基本要求，B段副歌部分18小节四句体，采用混声二部合唱的形式，升华音乐情绪，强调对党忠诚、积极工作、为共产主义奋斗终身的核心要义，尤其是B段副歌部分一开头使用一个八度大跳直接提升音乐情绪（见谱例1方框处），形成主副歌之间的对比关系，突出了副歌情绪递进的力量。

谱例1：

二、誓词精巧重叠 构成方整对仗

陈大明教授充分利用其多年的音乐创作经验，采用长句紧用，短句强用，重点句重复强化的手法，如：将A段中“遵守党的章程”一句进行了重复使用（见谱例2），这不仅强调了党员职责而且巧妙地增加了歌词长度，从而形成完整的第二乐句。这样就使得 A 段的四个乐句长度基本一致，为构成四句体的单乐段结构做了技术上的处理。

谱例 2：

三、匠心独具 高点黄金分割

陈大明教授创作的 B 段即歌曲的副歌部分是一个平行四句体，通过旋律的重复强调，加深演唱者和听众对乐曲的记忆，并将乐曲最高点小字二组 F 设计在黄金分割的第 36 小节处（见谱例 3 圆圈处），恰到好处地唱出“随时准备为党和人民牺牲一切，永不叛党”的铮铮誓言。

谱例 3：

四、音乐结合语言 便于推广传播

歌曲《党旗下的誓言》的音乐充分采用典范的现代汉语普通

话发音的语音语调，便于全国普及性的传唱。如："对党忠诚"一个小六度大跳，与普通话语调几近相似。

谱例4：

又如"我志愿加入中国共产党"这句歌词的音乐节奏与人们说话的语言频率相契合（见谱例5）。加上进行曲风格的节奏、平实朴素的旋律，使得这首歌曲易学易记，深受广大干部群众的喜爱，是目前为《入党誓词》谱曲的多个音乐版本中的上乘之作。

谱例5：

五、音乐写作巧妙　旋法精心独到

《党旗下的誓言》的引子用一个附点八分音符形成动力性节奏，加上弱起属音到主音的大六度大跳，形成一种昂扬向上、催人奋进的感觉。变化重复后，音区突然拉低，两小节铺垫后，再次回到开头音区，用大的切分节奏，形成音乐动力，形象化地表现了广大共产党员在党的感召与指引下汇集到党旗下的情形。引子最后一小节十一度大跳（见谱例6），大胆巧妙，为即将到来的主歌部分做了技术上的铺垫。

谱例 6：

主歌部分一开始，便与引子最后一个降 B 音形成八度大跳，音乐高亢嘹亮，也正是因为连续的三个音构成十一度、八度大跳（见谱例 7），使得主歌的进入非常醒目。

谱例 7：

主歌的创作素材就来源于引子，是引子开头部分低八度的扩大拉伸，节省材料，形成统一（见谱例 6 的前两小节与谱例 5）。

主歌第二句用附点八分音符和八分音符加紧音乐节奏，宣誓：拥护党的纲领，遵守党的章程。紧接着第三句再次将旋律拉宽，与第四句形成宽与紧的结合。这样主歌部分就形成了宽—紧—宽—紧的音乐形态，也因应了一张一弛、文武之道的法则。

副歌部分采用混声二声部的歌唱形式，与第一部分的齐唱形成音色上的对比。两个声部采用相同的节奏，方便大家演唱，并通过简单的纵向平行音程，形成和声效果，增强了歌曲的表现力。副歌仍然为四个乐句，与主歌不同的是它采用平行句的形式（见谱例 8），让乐曲进行重复，从而加深人们的记忆。

谱例 8：

通过音乐分析，我们不难发现整首作品都是经过严密的逻辑设计的，无论从音乐的结构还是音符的设计，以及充分考虑的词曲结合，都使得这部《党旗下的誓言》成为一首不可多得的佳作。

六、思想与创作反馈三位一体

音乐作品是作曲家将自己的情思事理用声音符号进行表达的艺术形式，音乐本身是抽象的，是一种非常抽象的通感联觉体验，音乐创作技法本身就体现了人类创造的最高智力，是感性与理性高度融合的产物，既是感性的理性观照，又是理性的感性显现。任何音乐作品，都是人们思想的产物。它必须通过至少三个阶段才能呈现出来，一是思想，二是创作表演，三是欣赏回馈。任何作曲家的创作都要靠表演艺术家用声音加以实现，并通过听众的感受进行回馈。歌曲《党旗下的誓言》的创作，由西安音乐学院党委书记张立杰同志亲自担任创作团队的总设计，全体党委委员全程融入，全校师生积极参与，这部声乐专辑不但采用了男高音独唱、女高音独唱、对唱、合唱、管弦乐伴奏等多个不同的版本进行艺术实现，而且还采用更直观的 MV 形式进行画面呈现，使得这首歌曲更加具有艺术感染力和视觉冲击力。将伟大的中国共产党成立 98 年来团结和带领全国人民不畏艰险，艰苦奋斗，建立新中国，开创中国特色社会主义新时代，开启实现中华民族伟大复兴的新征程的历史画卷浓缩于这 3 分 41 秒，使每一位观看的党员群众从中受到思想教育与革命洗礼，并通过上海音乐出版社的出版发行，以及在多个革命纪念地的传唱与宣传，取得了良好的社会反响。

对繁荣新时代中国特色社会主义文艺事业、实现中华民族伟大复兴、实现中国梦的崇高使命和神圣职责，西安音乐学院承担着传承和传播红色基因的崇高使命和历史担当。通过《党旗下的誓言》的创作，以及在推广和发行过程中全国各大主流媒体的宣传报道，唤醒全国人民对党、对祖国的炽热之爱和赤诚之情，为伟大的中国共产党紧密团结全国各族人民提供宝贵的精神力量。

［原载《交响（西安音乐学院学报）》2019 年第 4 期］

爱国主义歌曲创作特征探究

——以《党旗下的誓言》为例

吴　延

每个时代都有反映这一时期的歌曲，歌曲在社会生活中充当着重要角色，它可以充分表达人类情感，是社会生活的精神产物。爱国是中华民族的传统美德，爱国主义歌曲主要是指以爱国为主题而创作的歌曲，凡是能够体现中国精神、弘扬中国优秀传统文化、传播正能量的歌曲都属于爱国主义歌曲。在歌曲的众多社会功能中，爱国主义歌曲更加突出教育功能和审美功能。因此，一首经久不衰、人们喜闻乐见的爱国主义歌曲不仅仅是旋律优美、结构合理，更多的是向人们传递了一种积极向上的精神，体现了大多数人的情感诉求，并产生了情感共鸣，在潜移默化的过程中完成了歌曲的审美和教育功能。

自习近平总书记在京主持召开文艺工作座谈会并发表重要讲话，吹响了“文艺为人民”的时代号角后，以弘扬时代精神和主流价值观为导向的文艺创作，成了全体文艺工作者的共识。正如习近平总书记所言，“文艺是时代前进的号角，最能代表一个时代的风貌，最能引领一个时代的风气”。因此，在中华人民共和国成立 70 周年之际，西安音乐学院特别推出了《党旗下的誓言》专辑，通过作品表达了先进的时代精神和浓浓的家国情怀。下面，笔者以《党旗下的誓言》为例，谈谈一首优秀的爱国主义歌曲应该具备的特征。

一、创新思维

创新为一个国家和社会的发展提供了源源不断的动力，一个没有创新能力的国家是没有前途的。歌曲创作同样如此。由于科技的发展，复制变得越来越简单，可是创新精神却越来越匮乏，许多词曲作者都习惯按照所谓的程式进行创作，久而久之就形成了歌曲创作一般化的问题。唯有不断地创新，才能走出这种困境。《军民进行曲》是冼星海抵达延安后创作的一部歌剧作品。这部作品突破了以往歌曲创作的定式，借鉴了西方歌剧的创作手法，又借用了大量民歌和戏曲音乐，赋予了它鲜明的时代精神，焕发出朝气蓬勃的生命力。

歌曲《党旗下的誓言》的创新主要体现在两个方面。一方面是创作理念的创新。入党誓词是共产党员在入党时的重要宣言，但为入党誓言谱曲以前是没有的，这首歌曲的创作可以让党员重温入党誓词，是一种创作理念上的突破。另一方面是音乐方面的创新。比如：歌词本身是不规整的乐句，这样口语化的歌词、不规整的结构为歌曲的创作带来了难度。作曲家在创作中对不规则的句式结构，按照音乐的规律，进行了节奏的处理，把口语化的歌词处理得生动有力、朗朗上口。再如前奏素材的选择，一般而言，歌曲的前奏素材有三种写法：1. 运用歌曲 A 乐段素材写前奏，如歌曲《新疆好》（马寒冰词，刘炽曲）。2. 运用歌曲 B 乐段素材，即高潮乐段素材写前奏，如国歌《义勇军进行曲》（田汉词，聂耳曲）、《祖国啊慈祥的母亲》（申桃寿词，孙渔曲）、《红星照我去战斗》（邬大为、魏宝贵作词，傅庚辰曲）等。3. 运用“新素材”写前奏，这个新素材往往是歌曲素材的浓缩。如《爱的奉献》（黄奇石词，刘诗召曲）、《我爱你，塞北的雪》（王德词，刘锡津曲）等。歌曲《党旗下的誓言》前奏为四句体结构，采用歌曲主题素材进行倒影手法创作而成。开头号角式的大六度向上跳进铿锵有力，就是由主题的下行小三度倒影而成。通过弱起节奏和附点音符的运用，显示出了战斗性的特点，颇有开天辟地之势，使人意气风发、慷慨激昂。第 3、4 小节是对第 1、2 小节乐思的巩固，转入下属和声，第 5、6 两个小节由低至高二度级进上行，为第 1 小节级进下行材料的紧缩倒影手法，然后进行一次模进，在情绪上进行推进并开始转向中高音区，最后 4 小节继续巩固大六度音程动机，但采用节奏扩大的形式，作为前奏的总结，同时为后面歌曲主题的出现做好准备。整个前奏部分材料相互渗透、相互联系，音乐情绪积极奋发，塑造一种勇往直前、昂首阔步的音乐形象（见谱例 1）。

谱例 1：

二、注重旋律性

东西方在音乐的创作思维上是有差别的，西方的音乐创作讲究和声的丰满，强调音乐语言立体化的结构布局；中国的音乐创作思维是线性的，讲究旋律的优美。歌曲由于结构短小、思想突出，因此，过于复杂的音乐语言和创作技法以及庞大的结构是不适合歌曲创作的。而旋律却在歌曲创作中占有举足轻重的地位，我们常常有这样的体验，许多年之前的歌曲，歌词或许已经忘记，但是旋律却始终萦绕在耳旁。旋律的创作主要有三种：级进、跳进和平行进行。平行进行的旋律加上附点节奏的运用，能够反映激昂的情绪、雄壮有力的气势，因此常常被用于爱国主义歌曲的创作中。《义勇军进行曲》（田汉词，聂耳曲）的开头就是运用附点节奏以及三连音的同音反复，激发了中华儿女抗日的决心，正是这首歌曲具有的积极向上的力量和爱国主义情感，使它成了新中国的国歌。

《党旗下的誓言》的第一乐段 A 是由四个乐句组成的乐段，各个乐句的材料均不同，为对比四句体乐段（见谱例 2）。

谱例 2：

这一乐段主要采用中低音区。开头的旋律就运用了平行进行，一字一音的安排朗朗上口，更加体现出加入中国共产党的决心和信心。从节奏安排来看，一、三乐句运用较为舒展的节奏，二、四乐句运用紧凑的附点节奏，如此形成张弛有度、丰富多变的音乐律动。从和声安排来看，四个乐句带有“起承转合”的特征，第一乐句落在主和声，明确调式调性；第二乐句落在属和声，具有承接作用；第三乐句落在下属和声，具有转折意义；最后一句落在主和声，具有合尾作用。从词曲结合来看，经过作曲家的精雕细琢，非常完美地将歌词的声韵与歌曲的音调有机结合，融为一体，朗朗上口。从调式与调性来看，整首歌曲建立在大调上，但 A 乐段只使用了五个音，旋律流畅且具有“五声性”，也更加符合中国音乐的审美情趣，利于歌曲的传唱与推广。

三、富于时代性

歌曲是时代的一面镜子，它能够及时地反映时代的特点。反之，时代的发展又为歌曲创作提供了源源不断的创作源泉。抗日战争时期主要的任务是唤醒国人的意识，反抗日本帝国主义的侵略，这一时期创作的歌曲大都反映了这一主题。《只怕不抵抗》（麦新词，冼星海曲）以儿童歌曲的视角告诉大家：敌人并不可怕，可怕的是不抵抗，只要中华儿女团结一致，胜利的曙光就在前方。《到敌人后方去》（赵启海词，冼星海曲）运用回旋的曲式结构、铿锵有力的节奏、昂扬挺拔的旋律，使歌曲具有了强大的号召力，体现了将士们将敌人赶走的决心和信心。仔细分析不难发现，这些歌曲节奏鲜明、旋律简洁、歌词生动，与时代紧紧契合在一起，表达了人民的共同愿望。

《党旗下的誓言》是一首既有高度的政治性和严肃性，又兼具高度的艺术性，且朗朗上口、易于传唱的歌曲佳作。它通过流畅、矫健、热情的旋律和坚定有力的节奏，表现了广大党员不忘初心、牢记使命、认真践行入党誓言的坚强意志。歌曲采用单二部曲式结构，运用大调式、进行曲的速度。在旋律创作上，使用大调式的同时而不失民族五声性特色，从而使此歌能为广大党员所掌握，激励全体共产党员践行党的宗旨和誓言，筑牢初心和使命。歌曲的第二乐段 B 即副歌，也是由四个乐句组成的乐段，为平行四句体乐段（见谱例 3）。

谱例 3：

这一乐段开始直接以八度音程跳进高音区，这是一个高潮乐段，在音区和音乐情绪上与 A 段形成了鲜明的对比。副歌保持了行进的特征，节奏变得更加宽广，更富有歌唱性。在材料方面，将前奏的上行大六度改为下行小六度，体现出全曲对比统一的关联性。另外，旋律音程的起伏更大，通过跌宕的旋律、昂扬的情绪、宏伟的气势，充分体现了共产党人对党忠诚、积极工作、为共产主义奋斗终身的勇气和决心。结束句也使用了重复的手法，将节奏拉宽，强调永不叛党，坚定且义无反顾，将乐曲推向高潮。

歌曲《党旗下的誓言》经过 13 次精心修改和完善，借助歌唱的形式，让誓言插上飞翔的翅膀。专辑问世以来，相继在上海中共一大会址、延安中共七大会址、井冈山、八路军办事处及遵义会议纪念馆举行了发布会和传唱会，希望这首歌曲能够通过广泛的传唱，让更多的党员同志牢记使命、践行共产党人的初心。同时，作为一名文艺工作者，我们应该志存高远，肩负好自己的使命，要树立高远的理想追求和深沉的家国情怀，把个人的艺术追求、学术理想同国家前途、民族命运紧紧结合在一起，创作出更多有筋骨、有道德、有温度的文艺作品。

[原载《交响（西安音乐学院学报）》2019 年第 4 期]

《在延安文艺座谈会上的讲话》与艺术教育

发展艺术教育事业的金色宝典*

——纪念毛泽东《在延安文艺座谈会上的讲话》发表五十周年

翟　咏

1942 年 5 月，毛泽东同志《在延安文艺座谈会上的讲话》(以下简称《讲话》) 发表，标志着我国从“五四”运动以来开创的新文艺运动的一次新的历史飞跃。《讲话》这篇具有划时代意义的光辉文献，不仅丰富和发展了马克思主义文艺理论，把新文艺运动推进到了一个新发展阶段，并且为我国社会主义文艺的高度繁荣奠定了坚实的理论基础。因此，从《讲话》发表的那天起，“五·二三”这个令人难忘的日子，便永远地同《讲话》连接在一起，并且成了一代又一代革命文艺工作者心目中最珍贵、最值得纪念的节日之一。而作为《讲话》诞生故乡的三秦儿女，尤其为这个日子感到无上荣光和无比自豪。

众所周知，三秦大地是中华文化最早的发祥地之一，对中国乃至世界做了其伟大的贡献。它那悠久而灿烂的文化传统，生动

*该文编入本《文集》时有修改。

地展示着中国这个世界文明大国的心灵历史，至今仍是人们钦慕不已的文化博览胜地。特别应当指出的是，三秦大地的音乐遗产至为丰富多彩，在发展音乐教育事业上具有得天独厚的优势，我国历史上最早的音乐机构——秦汉时期的乐府及盛唐时期的梨园教坊，就是诞生在这块土地上。

然而，由于唐代以后我国政治、经济、文化中心的东移，以及千百年来频繁的战乱和自然灾害的破坏等，三秦大地渐渐失去了它早先的风采，清末民国以降，更是千疮百孔，一片破败凋敝的景象，令人伤心惨痛。处在这样一种萧索凄楚苦境中的三秦，普通文化教育尚且难以为继，音乐艺术教育就更是无从谈起了。

不过，饱经风雨、备受劫难的三秦大地，它那固有的文化根基却未因此而动摇瓦解。正如白居易诗里所形容的那样："野火烧不尽，春风吹又生。"当党中央领导的红军经过二万五千里长征到达陕北并进驻延安后，一场伟大的"文艺复兴运动"，终于在三秦大地上拉开了序幕。具有悠久历史的三秦音乐文化重获新生，并且在一个新的历史高位上，展示出它那不可企及的艺术魅力。本文试图从这个历史切入点起笔，从我党创办的第一所艺术院校——延安"鲁艺"的创业史谈起，与此同时，将之与三秦大地上诞生的另一所艺术院校——"西北音乐院"做一比照，以论证毛泽东文艺思想对艺术教育的伟大指导作用和深远影响，并且进而从延安"鲁艺"的直接继承者——"西安音乐学院"的建校历程中，揭示出毛泽东文艺思想的现实意义，更加坚定我们执行“二为”方向、“双百”方针的自觉性，加快艺术教育的改革步伐，建设有中国特色的社会主义艺术教育体系，为繁荣发展我国的音乐教育事业做出新的贡献。

一

延安，这个地处中国内陆腹地，远离通都大邑的偏僻山沟小城，历史上一直是三秦大地上最贫穷落后的地区之一。只是在党中央到达这里后，才一跃成为全国人民景仰和向往的抗日堡垒、革命圣地。它蓬荜生辉，光芒四射，立时吸引着成千上万的热血青年、爱国志士和海外游子，纷纷从四面八方向延安聚拢奔来。延安沸腾了……

在投奔延安的浩荡洪流当中，就有着为数不少的文艺工作者和有志于文艺事业的年轻朋友，他们的到来，大大地增强了抗日文艺队伍的力量，但与此同时也为文艺人才的培训带来很大的压力。原先靠各文艺团体自行培养后备人才的办法，已经远远不能适应这一突如其来的新形势，因此，筹建一所艺术专门学校就成了势在必行的事情了。于是在 1938 年 2 月间，由毛泽东、周恩来亲自领衔，并和林伯渠、徐特立、成仿吾、艾思奇、周扬等同志一道联名发布《创立缘起》的通告，决定立即着手创办以鲁迅先生为名的“鲁迅艺术学院”(简称“鲁艺”)，任命吴玉章为院长，沙可夫为副院长，由沙可夫、周扬、朱光、徐以新、李伯钊、吕骥、张庚、沃渣等同志组成“院务委员会”。该校于同年 4 月正式成立。我国有史以来由无产阶级政党创办的第一所新型的高等艺术学府，就这样在延安诞生了。

说起办艺术教育，历来就是所谓“有教养阶级”的专利，“浑身补丁、土里土气”的无产者照例是无权染指的。而办艺术教育又是一件复杂细致的工作。主观需求是一回事，能否办得了又是一回事。当时处在战争环境下的延安，条件极其艰苦，既无房舍，又无教学设备，更无办学经验，真是一文不名、两手空空。怎么办？“鲁艺”的师生没有被困难吓倒。他们的回答是：没有房舍打窑洞，没有教具自己造，没有教材动手编。他们就这样白手起家，终于在一片荒芜的半山坡上建立起了自己的学校。物质困难克服了，但紧接着的问题是，“鲁艺”是真能办成一所名副其实的高等学府，还是仅仅徒具虚名，挂着大学的牌子，实则是一所普通的培训班呢？

实践表明，上述疑虑是多余的。无论从其系科设置、教师队伍还是从课程结构来看，“鲁艺”比起任何一所名牌大学，都是毫不逊色的。作为一所综合性的艺术学院，“鲁艺”共分为音乐、戏剧、美术、文学四个系，还设有研究班、音乐工作团、实验剧团、美术工场等。出版有文学刊物《草叶》，综合性文艺期刊《文艺战线》，音乐刊物《民族音乐》《边区音乐》《歌曲旬刊》等。

在教学上，仅以音乐系为例即可窥豹一斑。除政治、文艺理论为全院的共同必修课外，音乐系还专门开设了音乐运动史、音乐概论、普通乐学、视唱练耳、和声学、作曲法、自由作曲、声乐、器乐、合唱、指挥及音乐欣赏等专业课。担任教学工作的大都是驰名乐坛的音乐家，如吕骥、冼星海、贺绿汀、向隅、马可、李焕之、郑律成、麦新、瞿维、何士德、杜矢甲、李元庆、关鹤童、孟波、寄明等。而他们培养出来的学生也都个个不同凡响，其中出类拔萃者有安波、李凌、时乐濛、梁寒光、张鲁、王莘、刘炽、卢肃、陈紫、莎莱、李群、张棣昌、黄准等，确有“青出于蓝而胜于蓝”之势头。

延安“鲁艺”不仅在培养人才方面成绩卓著，而且在艺术实践方面也收获甚丰。如歌剧《农村曲》《军民进行曲》《白毛女》、秧歌剧《兄妹开荒》《夫妻识字》以及清唱剧《黄河》《生产大合唱》《九一八大合唱》等，至于歌曲创作更是不可胜数，它们都是出自“鲁艺”师生之手。而创作的繁荣必然与活跃的演出活动相得益彰。据统计，在“鲁艺”创建最初的两年里，就公演了 160 余场，观众约达 9 万人次，誉溢延安。

综观延安“鲁艺”锋芒初露就一举成名的不凡建树，使我们有理由认为：“鲁艺”不仅有资格跻身于国内外优秀艺术院校之林，并且以其独异的办学模式，为中国艺术教育事业开创了历史的新纪元，从而永远结束了所谓“有教养阶级”在艺术教育领域的垄断地位。

二

如同任何新生事物的成长过程一样，其间总是不可避免地会出现这样或那样的偏差和失误。那种认为进步的事业会均匀地直线上升的想法，都是天真的、不切实际的设想。延安“鲁艺”就曾走过这样的一段弯路：那是在1941年前后，抗日战争面临严峻考验的那些日子里，由于日寇对各抗日根据地推行灭绝人性的“三光政策”，国民党加紧对解放区的封锁和围攻，使我抗日军民腹背受敌，损失极为惨重。处在这一危急关头中的广大军民，热切渴望听到和看到鼓舞人心、激励士气的文艺作品，本来，这是文艺工作者报效国家、施展其才华的绝好机遇。可是，革命队伍中的一些同志却对此视而不见、充耳不闻，竟一头扎进个人安静的小天地里，写起弦乐四重奏和交响乐来了。

诚然，弦乐四重奏和交响乐并非不能写。如果能够写出像冼星海滞留苏联期间所写的《民族解放交响曲》《神圣之战交响曲》，或是像肖斯塔科维奇的《第七（列宁格勒）交响曲》及格里埃尔的《声乐协奏曲》等反映中国抗日战争和苏联卫国战争的佳作，并且拥有比较完备的乐队和相应水平的听众，这么做也未尝不是一个伟大的贡献。因为这类作品不仅能够激动人心，甚至要比一般歌曲更具强烈的感染力。然而，问题恰恰出在这里，当时的延安并不具备演奏这类作品的条件，而且也不具有欣赏此类作品的听众。不言而喻，这种既不考虑演奏条件，又不考虑听众接受水平的脱离实际的做法，是多么不合时宜和荒谬！

上面所列举的仅是一个极端的事例，并不具有多大的普遍性，但是，人们仍然可以透过这个现象看出，片面强调技术、忽视实际需要的“关门提高”倾向，已在“鲁艺”发展到了相当严重的程度。而这一现象不仅仅是一个“关门提高”的问题，它还反映出当时延安文艺界存在的诸如“为艺术而艺术”“文艺与抗战无关”等错误思潮，以及轻视民族民间艺术，否认生活是创作的源泉和否认知识分子改造思想的必要性等倾向的影响。上述这些错误思想及认识，如果仅局限于坐而论道的各种讨论会上的话，倒也无关宏旨，问题是，它们已经严重地危及文艺事业的健康发展，造成了一系列不良后果。因此，不能不引起人们的普遍关注和忧虑。

就在当时文艺界有人迷失方向的情况下，党中央对此表示了巨大的关怀，1942 年 5 月，遂邀集延安的文艺工作者举行座谈会，以统一认识、拨正航向，使文艺工作为抗战走出低谷、走向胜利发挥出更强的光和热。

在这次具历史意义的座谈会上，毛泽东同志发表了重要讲话。这篇讲话精辟地分析了文艺战线的历史和现实状况，科学地总结了自“五四”运动以来中国文艺运动的经验和教训，联系延安乃至全国的实际，提出了一系列有关文艺问题的理论和政策，为繁荣发展新文艺指明了正确的前进方向。据称，当年参加那次座谈会的 100 多人当中，“鲁艺”的师生就超过了半数。毛泽东同志的讲话，使全体与会者受到莫大的教育和鼓舞。会后没几天，毛泽东同志亲临“鲁艺”看望全体师生，又为他们做了一次讲话。他以极其生动的具体事例，进一步阐明了生活与创作、普及与提高、知识分子必须与工农群众相结合等重大问题，并且语重心长地教导师生们既要在“小鲁艺”学习，更要到“大鲁艺”学习，虚心地拜劳动人民为师，认真改造自己的思想感情，把立足点逐渐转移到以工农兵为主体的人民大众这一边来，才能成为名副其实的革命文艺工作者。

毛泽东同志的几次讲话，在“鲁艺”引起了空前热烈的反响，广大师生纷纷走出校门，下乡下厂下部队，深入体验生活，进行采风创作。时隔不久，在 1943 年春节前后，一个以新秧歌运动为标志的群众文艺运动，便在延安及各抗日根据地热火朝天地开展了起来。以民间音乐为素材创作的秧歌剧、小歌剧大量涌现，反映现实生活的剪纸、窗花、年画、版画等，也在美术创作中出现了。诗歌、小说、戏剧等方面的创作也收获不小。而集文学、戏剧、音乐于一身的大型新歌剧《白毛女》的诞生，集中表现了《讲话》发表后，“鲁艺”在艺术教育改革方面的巨大突破性进展和焕然一新的精神风貌。

三

在我们对延安“鲁艺”的光辉历程进行了一番回顾之后，很有必要再对与延安“鲁艺”共聚三秦大地，同顶一块蓝天的西北音乐院旁涉一笔。因为这两所艺术院校不仅在历史上、地理上存在着某种机缘，同时也存在着鲜明的差异，如果能够对它们做一番对比分析的话，那么，我们肯定会从中获得许多有益的启示的。

西北音乐院是在延安“鲁艺”创建五年之后，由声乐家、指挥家赵梅伯先生于 1943 年秋在西安创办的。赵梅伯早年就学于比利时布鲁塞尔皇家音乐学院，毕业回国后曾在上海国立音专任教。1942 年，上海沦陷后他辗转来到西安，经过一年多的奔走筹备，终于建起了这所学校。

西北音乐院规模不大，但分设有本科班、师范班和研究班三部分。专业课有声乐、键盘、弦乐、国乐、理论作曲等。教师有马革顺、马思荪、马思琚、郑延一、关筑声、何其超、王绍先等享誉全国的音乐名家。学生来源多是各沦陷区流亡学生中有志于音乐事业的爱国青年，他们生活无着、疲于奔命，但却勤奋好学，如金文达、李佺民、张树楠、许芝兰、王宗德、李石根、常受宗、刘国瑞、姜同心等，就是其中的佼佼者。他们曾为活跃战时西安地区的音乐生活做了很多工作，并且在新中国成立以来的几十年里，他们又为新中国的音乐事业做出了积极的贡献。

对于处在下有日寇重兵压境、上有敌机狂轰滥炸、惶惶不可终日的战时西安来说，能够办起这样一所音乐院校，的确是桩难能可贵的事情。然而，无可讳言的是，尽管西北音乐院在总体方向上同抗战是一致的，但却因种种原因而未能很好地和抗战结合起来，其具体表现是，该院的教育模式基本上是沿袭欧洲古典式的一套办法，教材也是以欧洲传统为其基本内容的，虽然他们也曾在许多音乐会演出中加进了一些抗战歌曲，但与时代的氛围、人们的强烈感受之间，还存在着相当大的距离，从而给人以若即若离的印象。

造成上述现象的历史责任，首先应当归之于国民党统治当局推行的隔离政策。在他们看来，任何宣传积极抗日的主张和行为，都是应当严加禁止和取缔的异端邪说及越轨之举。而处在国民党统治下的西北音乐院，其艰难境遇也就可想而知了。不过，西北音乐院主观上未能摆脱知识阶层轻视劳动人民、轻视民族民间艺术的传统观念和偏见，也不能不说是一个致命的缺陷。

正如文化史所昭示的那样，艺术教育固然有着它自身的规律，但归根结底仍然是一种社会过程。它的兴衰枯荣，最终都要取决于它能够在多大程度上满足社会的需求。抗日战争对于中国来说，乃是一场决定民族存亡和人类命运的决死战斗。“一切为了抗战”是当时全中国人民的共同心声和共同价值取向的集中表达，任何一个炎黄子孙都不能超然游离于这个总的任务之外。如前所述，延安“鲁艺”之所以充满活力、蓬勃兴旺，其根本原因，就在于他们能够以天下为己任，一切从抗战出发，从人民的最高利益出发，因此之故，也就才能占尽“天时、地利、人和”之便。相反地，西北音乐院却因为无力突破客观上强加的限制和主观上的自我封闭，未能全身心地投入时代的大潮，因此之故，也就难免要循着自生自灭的轨道，结束其短暂的一生。

事实也正是这样的。就在延安“鲁艺”整装待发，准备开赴华北、东北抗日根据地，迎接抗日战争的最后胜利的时刻，西北音乐院却已精疲力竭地深陷于奄奄待毙的绝境之中，尤其出人意料的是，当抗日战争的最后胜利终于来到的时刻，全国人民热烈狂欢的胜利锣鼓声，竟成了它的送葬曲：西北音乐院宣布自行解散。一个备尝战争艰难、本该得到一个美好发展前景的学校，却落了个短命夭折的结局。这不能不说是一个历史的悲剧和千古遗憾。面对延安“鲁艺”与西北音乐院之间形成的这一兴一衰、一枯一荣的强烈反差，不是很能发人深省吗?!

四

艺术教育从来就没有一种放之四海皆准、历经百代不易的固定模式。其优劣高下本无一个确定的标准，关键要看是否实事求是、合于国情。用正统的眼光看，西北音乐院的办学模式似乎更正规些，而“鲁艺”的办学模式则显得过于激进，无章可循。可是，历史却偏偏看中了“鲁艺”的模式。事实表明，延安“鲁艺”

一诞生，便立即引起全国进步文艺界的极大关注，各抗日根据地反响尤为强烈，竞相效仿延安“鲁艺”，相继办起了地区性的鲁迅文艺学院、“鲁艺”分院或其他名称的艺术学校，如晋东南民族革命艺术学校、晋察冀联大文艺学院、部队艺术干部学校等。

为什么延安“鲁艺”具有如此大的吸引力呢？答案是显而易见的。因为延安“鲁艺”是在毛泽东文艺思想的哺育下建立并成长起来的第一所中国式的艺术院校，它的办学模式合乎国情、顺乎时势，因而深受人们的欢迎。从它诞生之日起，时间虽然过去了半个多世纪之久，“鲁艺”的基本经验却并未因时光的流逝和历史的巨变而被人们遗忘，相反地，它依然为人们所珍视。西安音乐学院就是一个很好的例证。这所学校从创建之初，就把延安“鲁艺”视为自己的楷模，始终把全心全意为人民服务、走与群众相结合的道路、继承和发扬民族音乐文化，以及艰苦奋斗、勤俭创业等“鲁艺”优良传统，作为办学的根本依据和行动指南，全方位地体现在教学、科研、创作、演出等实践活动之中。

西安音乐学院的前身，是创建于新中国成立前夕的西北军政大学音乐部。建校初期的情形，虽然远比当年的延安好，但由于战争的长期破坏，处境仍然十分艰难，在很多方面几乎与昔日延安“鲁艺”毫无二致，面对这样的现实状况，学校领导没有表现出丝毫的畏难情绪，而是身先士卒地动员和带领全院师生，以“鲁艺”为榜样，白手起家、劳动建校，胜利地打响了创办学校的首次战斗。经过近一年的劳动，一排排窑洞、一座座校舍终于在一片近乎废墟的土地上矗立了起来。

学校的物质基础建设固然十分必需，而学校的思想建设尤为重要。作为一所艺术院校，首先要解决的思想问题，就是“为什么人”服务的问题，不解决这个根本方向问题，学校的整个教育就无从谈起。为此，学校从一开始就明文规定将《讲话》列为全体学生的重要必修课之一，并且提出学习《讲话》必须做到理论与实践相结合，反对空谈。同时，学校有计划地组织师生下乡、下厂、下部队以及到少数民族地区，参加土改、社教、生产劳动，开展采风、创作、演出和音乐辅导等社会实践、艺术实践活动，并且使之经常化、制度化。这是“鲁艺”经验在这里的一个重要表现。

建立良好校风，是优化学习环境的必备条件之一。“紧张、严肃、刻苦、虚心”是毛泽东同志为延安“鲁艺”亲笔题写的八字校训，不仅在延安时期，即使在今天也仍不失为建立革命校风的良好准则，同样得到今天师生的认同而铭刻于心的是：尊师爱生、教书育人、刻苦钻研业务、互帮互学、系际协作、校际交流……这一切早就在这里蔚然成风。

狠抓教师队伍建设，是提高教学质量的根本大计。早在20世纪50年代建校初期，师资问题就异常紧迫而突出，学校根据党的团结知识分子的政策和延安“鲁艺”的经验，一方面从社会上广罗人才，聘请音乐专家学者、民间艺人、各兄弟院校的毕业生等来校任教或担任客座教授来校讲学；另一方面从本校学生和青年教师中选派人员，到兄弟院校、演出团体向国内外专家学习深造或出国进修，从而迅速壮大了教师队伍，并使其业务文化素质得到改善和提高。

“建设中华民族新时代的文艺理论与实际”，曾经是“鲁艺”教育方针中明文规定的奋斗目标之一，西安音乐学院凭借着三秦大地得天独厚的优势，从一开始就把周秦汉唐以来的古老传统和延安时期的革命传统，作为自己探索创造独具特色的新的音乐教育体系的坚实基础和出发点。建校迄今，几十年的办学实践表明，西安音乐学院在继承弘扬民族音乐文化、发掘西北音乐宝藏、丰富和发展民族器乐声乐以及在交响乐的民族化探索等方面，均取得了举世瞩目的成就。与此同时，西安音乐学院在研究古老乐种“西安鼓乐”、西部音乐以及音乐考古等方面，也是有口皆碑。作为反映该院教学、科研窗口的学报《交响》，也因其鲜明的特色而享誉国内外。

以上仅仅从几个主要方面介绍了延安“鲁艺”经验在西安音乐学院生根开花的一些事例，从中不难看出延安“鲁艺”与西安音乐学院之间一脉相承的血缘关系。不过，这种传承关系不是历史经验的简单重复再现，而是一个不断丰富和发展的过程。毛泽东同志曾经说过：“马克思主义一定要向前发展，要随着实践的发展而发展，不能停滞不前。停止了，老是那么一套，它就没有生命了。”[①] 延安“鲁艺”的经验亦然，也必须随着实践的发展而发展。过去囿于当时战争环境的限制而采取的某些具体措施，在当时可能是唯一正确的选择，但今天看来就不一定完全适用了。譬如，当年“鲁艺”采用的“弹性学制”以及用频繁的演出任务冲击并取代正规课堂教学的做法，就不能照搬无误地用于今天的现实，道理很简单，因为时代变了，环境变了，艺术教育的内容和方法也必须做相应的调整不可。

但是，向前发展并不意味着要以否定和抛弃那些带有普遍意义和永恒价值的经验为代价。历史一再证明，延安“鲁艺”办学的基本经验，特别是作为它的理论依据的《讲话》精神，不仅不会过时，而且还将在今后的艺术实践和艺术教育改革中继续发扬光大。

[原载《交响（西安音乐学院学报）》1992 年第 2 期]

① 中共中央文献研究室编：《毛泽东文集》（第七卷），人民出版社 1999 年版，第 281 页。

毛泽东文艺思想的理论与实践源泉及其对艺术教育的现实指导意义

张君仁

一、毛泽东文艺思想是对马克思主义文艺理论的借鉴与发展

马克思主义文艺理论认为：文艺是在整个社会框架下人类精神世界中的社会意识形态的表现形式。文艺在人类社会生活中，是被社会存在决定并制约着的意识形态。文艺作为一种精神生产，具有相对的独立性，这种相对独立性常常在经济基础发生变革时，文艺及时作为变革的排头兵、急先锋，呼应这种变革，反作用于社会经济基础。马克思主义还认为：文艺是人们认识和掌握世界的一种特殊方式，是人类不可或缺的精神生活的重要形式。

马克思主义唯物史观以及关于在“特定历史条件下必然产生的某种意识观念”[①]的“意识形态”解析清晰地告诉我们，文艺具有

① [德] 马克思：《政治经济学批判》，转引自缪初准《马克思文艺理论思想概述》（https：//zhuanlan.zhihu.com/p/380732017）。

社会性、政治性、民族性和人民性。

马克思主义剩余价值理论则表明，无产阶级革命运动需要文艺在革命、在建设和在改革过程中发挥其重要功能。同时，它还强调文艺创作要统摄整体社会现实的现实主义和文艺的政治性及政治、文艺的相互内化。

马克思主义关于文艺人民性的核心思想都来自历史唯物主义和剩余价值理论这两个根本思想。

列宁继承和发展了马克思主义人民性的文艺思想，他说："艺术属于人民。它必须深深地扎根于广大劳动群众中间。它必须为群众所了解和爱好。它必须从群众的感情、思想和愿望方面把他们团结起来并使他们得到提高。它必须唤醒群众中的艺术家并使之发展。"①

社会主义革命和建设事业推动产生的社会主义文艺，都以文艺人民性作为自己的核心思想和核心价值，这是由马克思列宁主义和社会主义事业的性质所决定的，也是在马克思主义和社会主义文艺发展历史进程中形成的。

毛泽东关于"人民本位"的艺术观《在延安文艺座谈会上的讲话》进行了集中阐述，通过回顾马克思主义文艺理论和深刻学习领会《在延安文艺座谈会上的讲话》的精神内涵，我们可以说，毛泽东文艺思想是对马克思主义文艺理论的借鉴与发展，是马克

① 中国社会科学院文学研究所文艺理论研究室编：《列宁论文学与艺术》，人民文学出版社 1983 年版，第 435 页。

思主义中国化的实践创新。

二、毛泽东文艺思想是对中国无产阶级革命运动伟大实践的经验总结

“我们共产党人，多年以来，不但为中国的政治革命和经济革命而奋斗，而且为中国的文化革命而奋斗；一切这些的目的，在于建设一个中华民族的新社会和新国家。在这个新社会和新国家中，不但有新政治、新经济，而且有新文化。这就是说，我们不但要把一个政治上受压迫、经济上受剥削的中国，变为一个政治上自由和经济上繁荣的中国，而且要把一个被旧文化统治因而愚昧落后的中国，变为一个被新文化统治因而文明先进的中国。一句话，我们要建立一个新中国。建立中华民族的新文化，这就是我们在文化领域中的目的。”[①]

1940年年初，毛泽东发表了对中国共产党文艺思想的形成产生重要影响的著名的《新民主主义论》，他在总结和概括中国革命的历史进程时将中国革命分为民主主义革命和社会主义革命两步，同时，又将民主主义革命分为性质不同的两个过程，即旧民主主

①毛泽东:《新民主主义论》。毛泽东1940年1月9日在陕甘宁区文化协会第一次代表大会上的讲演，原题为《新民主主义的政治和新民主主义的文化》，载于1940年2月15日延安出版的《中国文化》创刊号。同年2月20日在延安出版的《解放》第98、99期合刊登载时，题目改为《新民主主义论》。

义革命时期和新民主主义革命时期。

毛泽东在总结民主主义革命两个不同时期的文化建设的成就与问题时明确指出：新的社会革命时期，就需要新的文化。他特别强调：这种新民主主义的文化是民族的、科学的、大众的，是为全民族中百分之九十以上的工农劳苦民众服务的。这种新文化，必须是马克思主义的普遍真理和中国革命的具体实践相结合的、具有民族特点和民族形式。[①] 与此同时，毛泽东也阐述了对待外国文化和古代文化的态度和方法问题，毛泽东指出：新民主主义文化的建设应该大量吸收外国的进步文化，清理古代文化的发展过程，剔除其封建性的糟粕，吸收其民主性的精华，这是发展民族新文化，提高民族自信心的必要条件。我们必须尊重自己的历史，决不能割断历史。[②]

毛泽东运用马克思主义文化理论，在《新民主主义论》中把文化与经济、政治并列视为社会发展过程中互为条件、互为因果、互相促进并构成特定社会形态的三个有机组成部分，完整地阐明

① 毛泽东:《新民主主义论》。毛泽东 1940 年 1 月 9 日在陕甘宁区文化协会第一次代表大会上的讲演，原题为《新民主主义的政治和新民主主义的文化》，载于 1940 年 2 月 15 日延安出版的《中国文化》创刊号。同年 2 月 20 日在延安出版的《解放》第 98、99 期合刊登载时，题目改为《新民主主义论》。

② 毛泽东:《新民主主义论》。毛泽东 1940 年 1 月 9 日在陕甘宁区文化协会第一次代表大会上的讲演，原题为《新民主主义的政治和新民主主义的文化》，载于 1940 年 2 月 15 日延安出版的《中国文化》创刊号。同年 2 月 20 日在延安出版的《解放》第 98、99 期合刊登载时，题目改为《新民主主义论》。

了中国共产党的文化观、文艺观。

毛泽东的《新民主主义论》写作于1940年，距离他的《在延安文艺座谈会上的讲话》仅仅只有两年。这两篇划时代的关于中国共产党文艺思想的论述，保持了高度的一致性、连贯性。《在延安文艺座谈会上的讲话》由于其显著的针对性，因此，更加明确、更加细致、更加具体。

《在延安文艺座谈会上的讲话》中，毛泽东明确指出文艺的目的，文艺工作者必须持有的正确的立场问题、态度问题、对象问题、方法问题、学习问题以及土洋关系、古今关系、雅俗关系、理论与实践关系、普及与提高关系和文艺批评的政治与艺术关系等。

我们可以深切感受到，毛泽东文艺思想是在总结中国革命运动历史实践经验的基础上，根据中国革命运动的实际情况提炼而成的，因此，其不仅适合于新民主主义、社会主义革命时期，也适合于中国共产党领导中国人民进行第二个一百年的新的革命奋斗时期。

三、习近平《在文艺工作座谈会上的讲话》是毛泽东文艺思想的历史继续和时代创新

坚持以人民为中心是中国共产党百年来领导文化建设矢志不渝的根本立场。习近平总书记在2014年主持召开的文艺工作座谈

会上强调“社会主义文艺，从本质上讲，就是人民的文艺”[①]，高扬文艺人民性是习近平总书记《在文艺工作座谈会上的讲话》的核心思想，也是马克思主义文艺理论和毛泽东文艺思想一以贯之的核心思想。共产党人必须始终坚持文艺为人民服务的根本宗旨，坚持人民的主体地位，坚持走中国特色文艺发展道路，坚持传承和弘扬红色革命文化，批判地吸收借鉴外来文化以及中华优秀传统文化，树立坚定的文化自信。因为，“没有高度的文化自信，没有文化的繁荣兴盛，就没有中华民族伟大复兴”[②]。坚定文化自信，用文艺振奋民族精神，是文艺工作者必须肩负的历史担当。

四、中国共产党文艺思想对艺术教育的现实指导意义

作为文艺工作者和艺术教育工作者，行业不同、专业不同，理解和实践自然有所差别。作为党的艺术教育工作者，首先必须思考，如何在艺术教育工作的过程中践行和落实党的文艺思想。

（一）艺术教育是培养党的文艺工作者的重要阵地

习近平指出：“繁荣文艺创作、推动文艺创新，必须有大批德艺双馨的文艺名家。要把文艺队伍建设摆在更加突出的重要位置，

① 习近平：《在文艺工作座谈会上的讲话》，《人民日报》2015 年 10 月 15 日。

② 习近平：《决胜全面建成小康社会 夺取新时代中国特色社会主义伟大胜利——在中国共产党第十九次全国代表大会上的报告》，《人民日报》2017 的 10 月 28 日。

努力造就一批有影响的各领域文艺领军人物，建设一支宏大的文艺人才队伍。”[①] 这个队伍从哪里来？必须通过教育才有可能培养国家和时代需要的文艺人才，这是艺术教育机构和艺术教育工作者不可推卸的责任和义务。就目前的艺术教育而言，可能还存在着较大的差距和需要依照党的文艺思想进行必要改革的诸多方面。比如培养目标的设定问题，课程体系与教学内容的目标契合度问题，中国优秀传统艺术形态的内化问题，深入人民生活的实践教育问题，艺术创作的思想观念问题等。

（二）培养什么人和为什么人培养人是艺术教育的根本问题

毛泽东同志在延安文艺座谈会上指出：“为什么人的问题，是一个根本的问题，原则的问题。”邓小平同志说：“我们的文艺属于人民。”江泽民同志要求广大文艺工作者“在人民的历史创造中进行艺术的创造，在人民的进步中造就艺术的进步”。胡锦涛同志强调：“只有把人民放在心中最高位置，永远同人民在一起，坚持以人民为中心的创作导向，艺术之树才能常青。”习近平总书记指出，文艺“要坚持为人民服务、为社会主义服务这个根本方向。这是党对文艺战线提出的一项基本要求，也是决定我国文艺事业前途命运的关键”[②]。2022 年 4 月 25 日，习近平总书记在考察中国人民大学时特别强调“‘为谁培养人、培养什么人、怎样培养人’

① 习近平：《在文艺工作座谈会上的讲话》，《人民日报》2015 年 10 月 15 日。

② 习近平：《在文艺工作座谈会上的讲话》，《人民日报》2015 年 10 月 15 日。

始终是教育的根本问题”[①]。因此，我们的文艺人才教育，首先是面对中国人民，为满足中国人民的精神文化需求，培养具有“坚定正确的政治方向，以人民为中心的情感态度，胸怀祖国的爱国精神，坚实的传统文化基础，精湛高超的艺术技能”的社会主义文艺事业的接班人。

（三）树立文化自信是艺术教育工作的核心任务

中国人民的精神文化需求必然是建立在中国传统文化基础上的。中国传统艺术是中国优秀传统文化的重要组成部分，是培养具有坚定文化自信的文艺工作者的重要资源。从艺术教育的现实状况来看，这一点恰恰是中国艺术教育最为薄弱的环节。就音乐教育而言，由于历史的原因和教育观念的偏失，我们的教育内容绝大部分还是欧洲艺术音乐，我们绝大多数艺术教育工作者的艺术标准依然是欧洲标准。因此，艺术教育工作者深刻而彻底的思想革命迫在眉睫，以中国传统艺术文化为核心基础的课程体系建设、课程内容改革以及教育观念的更新是艺术教育面临的最重要的工作之一。

在毛泽东同志《在延安文艺座谈会上的讲话》发表80周年、习近平总书记《在文艺工作座谈会上的讲话》发表8周年之际，再次重温和深刻领会讲话精神的现实意义和教育实践意义，坚定

---

①《坚持党的领导传承红色基因扎根中国大地　走出一条建设中国特色世界一流大学新路》,《人民日报》2022年4月26日。

“人民文艺”的主体思想，对于艺术教育工作者而言，无疑是又一次的精神洗礼。

[原载《交响（西安音乐学院学报）》2022年第2期]

我们为什么要重视艺术与思想政治教育的关系

——纪念毛泽东《在延安文艺座谈会上的讲话》发表80周年

叶明春

在纪念毛泽东同志《在延安文艺座谈会上的讲话》(以下简称《讲话》)发表80周年之际，重温《讲话》关于革命文艺与思想政治关系的论述，结合学习习近平总书记于2014年10月15日《在文艺工作座谈会上的讲话》精神，探讨我们为什么要重视艺术与思想政治的关系；结合艺术类人才培养目标，围绕“为谁培养人、培养什么人、怎样培养人”这一根本问题谈体会和认识具有重要的现实意义。通过弄清、弄懂艺术与思想政治教育的关系，明确在新时代背景下，艺术创作、艺术实践、艺术人才培养都应该坚持和践行正确的政治立场和方向，切实扎根生活、服务人民。

一、重温《讲话》精神，弄清文艺与思想政治教育的关系

1942年5月2日，毛泽东在《讲话》开篇说：

> 同志们！今天邀集大家来开座谈会，目的是要和大家交换意见，研究文艺工作和一般革命工作的关系，求得革命文艺的正确发展，求得革命文艺对其他革命工作的更好的协助，借以打倒我们民族的敌人，完成民族解放的任务。

《讲话》把“文艺工作”提高到与“一般革命工作”同等的地位，明确“革命文艺”与“其他革命工作”“更好的协助”，从而“借以打倒我们民族的敌人，完成民族解放的任务”。《讲话》接着说：

> 我们要战胜敌人，首先要依靠手里拿枪的军队。但是仅仅有这种军队是不够的，我们还要有文化的军队，这是团结自己、战胜敌人必不可少的一支军队。

中国人民解放战争中有“文武两个战线，这就是文化战线和军事战线”，有“手里拿枪的军队”和“文化的军队”，而“文化的军队”是拿笔杆子的军队，是“团结自己、战胜敌人必不可少的一支军队”。

《讲话》接着说：

> 在“五四”以来的文化战线上，文学和艺术是一个重要的有成绩的部门。革命的文学艺术运动，在十年内战时期有了大的发展。这个运动和当时的革命战争，在总的方向上是

一致的，但在实际工作上却没有互相结合起来，这是因为当时的反动派把这两支兄弟军队从中隔断了的缘故。

“五四”运动以来，“文艺”是由“文学”和“艺术”统合的概念，明确“文艺”或“文学艺术运动”是“整个革命机器”的重要组成部分，因而“文艺”应该与“整个革命机器”融合起来。“文艺”应“很好地成为整个革命机器的一个组成部分，作为团结人民、教育人民、打击敌人、消灭敌人的有力的武器，帮助人民同心同德地和敌人作斗争”。《讲话》明确从那个时代起“文艺”已经被确立为“政治思想教育”的题中之义，“文艺”为达到思想政治教育的目的，要“帮助人民同心同德地和敌人作斗争”。弄清要达到“这个目的”，文艺工作者应当解决“立场问题，态度问题，工作对象问题，工作问题和学习问题”。在笔者的理解中，这些问题就是思想政治教育的核心问题。《讲话》又说：

立场问题。我们是站在无产阶级的和人民大众的立场。对于共产党员来说，也就是要站在党的立场，站在党性和党的政策的立场。在这个问题上，我们的文艺工作者中是否还有认识不正确或者认识不明确的呢？我看是有的。许多同志常常失掉了自己的正确的立场。

态度问题。随着立场，就发生我们对于各种具体事物所采取的具体态度。比如说，歌颂呢，还是暴露呢？这就是态度问题。……我们所写的东西，应该是使他们团结，使他们进步，使他们同心同德，向前奋斗，去掉落后的东西，发扬革命的东西，而决不是相反。

工作对象问题，就是文艺作品给谁看的问题。在陕甘宁边区，在华北华中各抗日根据地，这个问题和在国民党统治区不同，和在抗战以前的上海更不同。……各种干部，部队的战士，工厂的工人，农村的农民，他们识了字，就要看书、看报，不识字的，也要看戏、看画、唱歌、听音乐，他们就是我们文艺作品的接受者。……我们的文艺工作者，应该向他们好好做工作。

……你要群众了解你，你要和群众打成一片，就得下决心，经过长期的甚至是痛苦的磨炼。……我们知识分子出身的文艺工作者，要使自己的作品为群众所欢迎，就得把自己的思想感情来一个变化，来一番改造。没有这个变化，没有这个改造，什么事情都是做不好的，都是格格不入的。

最后一个问题是学习，我的意思是说学习马克思列宁主义和学习社会。……文艺工作者应该学习文艺创作，这是对的，但是马克思列宁主义是一切革命者都应该学习的科学，文艺工作者不能是例外。文艺工作者要学习社会，这就是说，要研究社会上的各个阶级，研究它们的相互关系和各自状况，研究它们的面貌和它们的心理。只有把这些弄清楚了，我们的文艺才能有丰富的内容和正确的方向。

重温毛泽东《讲话》精神，让我们深刻理解80年前战火纷飞的年代，毛泽东同志高瞻远瞩，深刻认识到文化的军队和拿枪的军队同等重要，文艺战线与军事战线同等重要，文艺的目的是团结人民、教育人民、消灭敌人，最终达到解放全中国的目的。80年来党领导全国人民取得了一个又一个胜利，用习近平总书记的论述，我们党领导全国人民“从站起来、富起来到强起来的伟大飞跃”。党的十八大以来，以习近平同志为核心的党中央领导全国各族人民奋发图强，中国特色社会主义进入新时代。

2014年10月15日，在毛泽东同志发表《在延安文艺座谈会上的讲话》72周年之际，习近平总书记在北京主持召开文艺工作座谈会，发表了《在文艺工作座谈会上的讲话》。习近平总书记的《讲话》科学分析了新时期文艺领域面临的新形势、新情况、新问题，创造性地回答了党文艺繁荣发展的一系列带有根本性、方向性的重大问题，为新时期文艺工作定方向、立纲领，点问题、提神气，体现了党对文艺工作的新思想、新判断、新要求，对历史条件下开创文艺工作新局面做出了全面部署。

二、深究学科学理，弄懂艺术与思想政治教育的关系

（一）艺术是人类精神和理性意识的感性显现

艺术来源于生活，来源于人的情感意识，来源于人们对自然美的认知与灵感，来源于人们对社会的感悟，来源于美的意识与

审美意识的升华。艺术是一种美的创造性活动，是人根据美的理念、认知与灵感，在人的精神构成与美的物化合成中艺术化地注入情感，就此而言，艺术是人类精神和理性意识的感性显现。因此，艺术通过直抒生命情感意识及精神活动的美的感性样式，成为为歌颂生活而抒发感情的艺术写照，反过来影响、熏陶和改善人的精神生活和物质生活，成为人类生命与社会生活中不可分割的一部分。

艺术活动是人的一种精神实践活动，是精神领域内的一种生命活动，不同于人在物质领域内的生命活动，它包括艺术创作、艺术审美（欣赏或参与）、艺术批评三个部分。在这三种艺术活动中，流动的感性可以凝结为理性，不变的理性也可以激发情感，成为情感产生的根源。

艺术活动的主体部分是艺术审美活动，这种活动是精神的感性实践活动，不仅需要直观、体验、感悟，而直观、体验、感悟都是整体把握方式；也需要思考、认识、理解，而思考、认识、理解都必须遵循已有的规则、方法、范式。前者是具体的、个别的感性样式或感性直观；后者是从感性样式中抽象出来的理性特征。因而，艺术审美活动的本质是人类精神或理性意识的感性显现，并通过创造性的审美能力尤其是想象力加以统合，把抽象与具体、一般与个别、形象与生命有机地统一起来。

（二）思想政治教育的目的是求得思想与精神的统一

毛泽东同志从“五四”时期起，在李大钊等马克思主义者的影响下开始学习马克思主义，建立起对马克思主义的信仰。在长期的革命实践中，他系统而深入地研究了马克思主义理论，并努力在实践中加以运用和发展，逐步探索出一条有中国特色的革命道路，提出了新民主主义革命、新民主主义社会建设乃至社会主义建设的一整套理论，其中包括新民主主义文化、社会主义文化建设等思想，从而形成了具有中国风格和中国气派的马克思主义理论成果——毛泽东思想。毛泽东的《实践论》《矛盾论》，特别是《新民主主义论》《在延安文艺座谈会上的讲话》等著作，给我们留下了丰富的文艺思想，这些思想是对“五四”以来一系列文艺理论探索成果的集成，科学回答了新的文学艺术发展中一系列根本问题，包括文学艺术与人民的关系、与社会生活的关系、与政治的关系、与革命事业的关系，以及文学艺术自身的形式与内容的关系、文学艺术发展的方针政策等，是我们党对马克思主义文艺理论的独特贡献，构成了中国化的马克思主义文学理论的基本形态，为中国现代文艺的发展指明了方向。

事实上，思想政治教育与艺术教育的目的有共通之处，毛泽东和习近平的两次《讲话》归结起来的核心是用马克思主义思想政治教育求得思想与精神的统一。

习近平总书记在《讲话》中论述道：

鲁迅先生说，要改造国人的精神世界，首推文艺。举精神之旗、立精神支柱、建精神家园，都离不开文艺。当高楼大厦在我国大地上遍地林立时，中华民族精神的大厦也应该巍然耸立。我国作家艺术家应该成为时代风气的先觉者、先行者、先倡者，通过更多有筋骨、有道德、有温度的文艺作品，书写和记录人民的伟大实践、时代的进步要求，彰显信仰之美、崇高之美，弘扬中国精神、凝聚中国力量，鼓舞全国各族人民朝气蓬勃迈向未来。

艺术是人生重要的精神食粮。这种精神食粮只有通过个体的消化、吸收才能转化为巨大的精神力量，并在思想、观念、情感层面对政治实践产生深刻的影响。

（三）从艺术的功能看课程思政与思政课程

艺术的首要功能是艺术教育，而艺术教育的目的是使人的感性能力和理性能力得到均衡发展。审美能力和想象力既是艺术教育的出发点，又是艺术教育的落脚点。艺术教育的独特性能和审美特征，主要是通过艺术审美实践活动体现出来的。习近平总书记在《讲话》中论述文艺的作用时说：

实现“两个一百年”奋斗目标、实现中华民族伟大复兴的中国梦是长期而艰巨的伟大事业。伟大事业需要伟大精神。

实现这个伟大事业，文艺的作用不可替代，文艺工作者大有可为。广大文艺工作者要从这样的高度认识文艺的地位和作用，认识自己所担负的历史使命和责任。

这是因为，艺术教育从根本上是一种精神教育、理想教育。但这种精神教育、理想教育，是在艺术—审美的感性实践活动中提升的，是以感性活动为阶梯上升到理性的精神世界、理想世界。对于个体来说，艺术教育一方面有陶冶情操，涵养德行，健全人格的作用；另一方面有培养人的精神生活能力，创造与享受人生的价值意义。这里的美感教育，包含艺术教育，因为艺术教育是美感教育的主要形态。这便是我们要重视艺术教育中的课程思政和思政课程的题中之义。

要实现艺术教育的目的，作为从事艺术教育工作的教师，不仅要学习马克思主义、毛泽东思想、邓小平理论、“三个代表”重要思想、科学发展观及习近平新时代中国特色社会主义理论，筑牢意识形态前沿阵地，还要承担传授艺术知识，讲解艺术理论，介绍艺术表现技巧，要求学生认识和掌握艺术创作与审美活动的主客观条件等责任。艺术教育需要和智育、德育等理性教育结合起来，取长补短，从而达到立德树人的目的，还要讲授诸如艺术哲学（美学）、艺术概论、艺术史、艺术民俗学与艺术人类学等课程，把思想教育贯穿于每一门课程的始终，只有如此，才能提高对艺术的认知能力、理解能力、判断能力和鉴赏能力。这是艺术教育必不可少的理性活动。另外，作为一种理性活动，艺术批评也是艺术教育的重要组成部分。而艺术批评是需要美学来树立审美标准的，两次《讲话》在不同的历史阶段为艺术批评提供了标准，这个标准是马克思主义文艺观的贯彻与具体落实。如何落实？这需要艺术与思想政治教育的融合，需要艺术课程与思政课程的有机融合。

三、我们为什么要重视艺术与思想政治教育的关系

艺术和政治发生的联系，不仅体现在政治意识、思想、学说的层面，更体现在文化精神领域的层面。思想政治教育属于智育，目的是提高对党的政治理论的认识和觉悟，而艺术教育属于审美教育，在美育中陶冶情操。政治与文化精神发生联系，表现在政治思想、认识、观念与艺术进行交流，艺术与思想政治通过对话、渗透双向互补，思想政治和艺术才可以有机融合。

众所周知，政治是处理社会关系，维持社会存在和社会发展、进步的根本机制。教育可以培养、提高文化精神成为社会隐形的凝聚力。知识教育提高人的认识、觉悟；道德教育端正人的意志行为；艺术教育陶冶情感，提高人的情操，由此可见艺术在思想政治教育中的地位。艺术既是个体心灵的表现，又是一种社会现象；艺术不仅要激发或宣泄个体的情感，也具有社会属性。艺术所展现的精神世界，通过情感的激发或宣泄，以美的境界启迪个

体的心灵和悟性。可见，艺术对人的作用是内在的、深刻的。

四、结 语

两次《讲话》虽相隔72年，但两次《讲话》的文艺思想一脉相承，习近平同志的《讲话》与时俱进，充分体现了马克思主义世界观和方法论与中国实际的紧密结合，也体现了社会主义文艺的本质要求。两次《讲话》是中国文艺实践的理论总结和思想升华，都具有鲜明的时代特征和思想光芒，是指导文化建设和文艺工作的纲领性文献，对推进社会主义文艺大发展大繁荣具有重要意义。

我们之所以要重视艺术与思想政治教育的关系，其根本目的是全面贯彻党的教育方针，全面解决好培养什么人、怎样培养人、为谁培养人的根本问题，因而艺术院校的艺术与思想政治理论课是落实立德树人根本任务的关键课程。青年学生处在人生的“拔节孕穗期”，需要精心引导和栽培。中国特色社会主义教育要讲好艺术与思政课，用习近平新时代中国特色社会主义思想培根铸魂，教育和引导青年学子增强中国特色社会主义道路自信、理论自信、制度自信、文化自信，厚植爱国主义情怀，把家国情、强国志、报国行自觉融入坚持和发展中国特色社会主义事业、建设社会主义现代化强国、实现中华民族伟大复兴的奋斗之中。

［原载《音乐天地》2022年第6期］

根深叶茂　歌坛生辉*

——为纪念毛泽东同志《在延安文艺座谈会上的讲话》发表五十周年而作

薛　明

随着改革开放的步伐，历史不断迈向新的阶梯。如何紧跟时代的脚步开拓、创新？这是人们一直不停思考着的一个中心课题。声乐工作者和声乐教师也不例外，同样面对着时代的挑战。

回顾近一个世纪以来中国声乐事业的发展与提高，歌唱家队伍的成长与壮大，都与中国共产党的英明领导、与毛泽东同志《在延安文艺座谈会上的讲话》(以下简称《讲话》)之精神指引分不开。

文艺是人民大众的文艺，歌唱也自然不是少数歌唱家的歌唱。经验表明，歌唱家的前途与命运只有和社会的发展联系起来，与群众文艺及群众的胃口联系起来，才能永葆其艺术青春。我国的歌唱家们所走过的路，哪一个不是在服务于人民、讴歌新社会中，

---

*该文编入本《文集》时有修改。

一面学习继承民族声乐传统，一面学习借鉴西洋歌唱方法，博采众长，努力做出自己应有的贡献和成绩来的？而每位歌唱家的任何标新立异之作，又有哪一个是离开了现实生活和时代的进程而孤立出现的呢？

一、“西北风”的联想与启示

大家都还记得，“文化大革命”后刚刚从“四人帮”的专制、禁锢政策中解放出来的人们，多么想呼吸到新鲜空气，听到悦耳的歌声，热望久已荒芜的音乐园地重新放出异彩来。就在这样的情形之下，借着新时期的改革开放的春风，一批港台流行歌曲迅速传入，使我国乐坛面貌顿改，但是，港台歌曲的委婉缠绵之声、婀娜作态之情，并没有真正满足人们对于音乐的审美欲求。为时不久，这种缺乏阳刚之美的歌声，就随着人们最初的一点点新鲜感逐渐消失而降温。这时，代之而起的是歌坛刮起了一股强劲的“西北风”。一批带有黄土高原音调和粗犷的山野风味的通俗歌曲问世了，它吸收了外来摇滚乐、迪斯科的节奏特点，再通过演唱者们无拘无束的演唱，使人有一种奔放豪迈的扬眉吐气之感，因而备受人们钟爱。

“西北风”能够迅速席卷全国，是纯属偶然吗？不！它有着深远的历史根源。固然，西北民间歌曲的高亢、嘹亮、粗犷、豪放自有其独特的艺术魅力，但其他地区的民间歌曲也不乏健康优美之作，且都有着不可取代的风格特点。然而，耐人寻味的是，首先进入流行歌曲领域独占鳌头并蔚然成“风”的，却不是其他地区的民歌，而是西北民歌。

其实，这个现象也并不奇怪。绝不是因为西北民歌同流行歌曲在风格上更接近，而是因为西北民歌有着无可比拟的优势。西北民歌之所以首先被引入流行歌曲，是基于它在全国人民心目中有着根深蒂固的优先位置，同时也反映了广大群众对改造旧流行歌曲风格所抱有的强烈愿望。这也就是我国社会主义条件下，流行歌曲走向更新提高的必由之路。

说到西北民歌的优势，就必然地会引导我们去追溯它的历史。而首先让我们想到的就是毛泽东同志《在延安文艺座谈会上的讲话》这篇光辉文献发表的那段难忘的岁月。正是《讲话》的发表，一场空前伟大的新民歌运动才春潮汹涌地在抗日民主根据地——延安蓬勃地发展起来。当时的文艺工作者遵照毛泽东同志文艺为工农兵服务的指示，离开“小鲁艺”，走向“大鲁艺”，深入生活，到人民群众中，放下架子，以“甘当小学生”的决心，自觉向群众学习、广泛搜集存活于民间的“信天游”“秧歌”“戏曲”等内容丰富、形式生动活泼的文艺素材，创作出大量能够反映抗日民族解放战争的新文艺作品，为我国文艺事业的发展繁荣开拓出了一条广阔的现实主义道路，影响极其深远。

延安时期民间文艺的蓬勃发展，从一开始就显示出了无比旺盛的生命活力，以民间音乐音调为基调的音乐创作，不仅在陕甘宁边区及各抗日前线普遍传唱开来，而且也在全国范围内受到广大人民群众的欢迎，使长期弥漫着萎靡之风的旧中国乐坛为之一振。

继抗日战争之后的解放战争，群众文艺生活进一步繁荣了起来，带着浓郁西北地方色彩的解放区歌声，随着人民解放军胜利前进的脚步，仗打到哪里，歌声就传播流行到哪里，直至解放全中国。从黄河之滨黄土高原上高扬起的解放之歌，也就一路凯旋着响彻了大河上下、大江南北、长城内外、高山海洋，从而在全国各族人民群众的心田里深深地扎下了根。虽然，在新中国成立以后的许多年里，各地音乐工作者也大力开展了采风活动，编创了无数独具本地乡土气息的优秀歌曲、乐曲，但从总体上看，它们的影响力还远远比不上西北民歌业已建立起来的绝对优势。这也是西北民歌首先被引入流行歌曲领域的根本原因所在。渗透在流行歌曲中的“西北风”音调特色能如此引起广大群众的共鸣，充分说明真正的音乐艺术必须永远具备纯朴、自然、清新的生活气息，歌唱艺术同样要具备这样的品质。这就要求歌唱家与人民大众保持密切的联系，到人民群众中去，到火热的现实生活中去感受时代的脉搏，广泛吸收营养。只有这样，自己的歌声才能动人心弦，感人肺腑，久久不被人们忘怀。

新中国成立后，许多歌唱家为我们树立了典范，他们当年的歌声至今还留在我们的记忆里。例如，郭兰英演唱的《绣金匾》，刘燕平演唱的《兰花花》。特别值得一提的是，一批从国外回来的著名歌唱家，如喻宜萱、周小燕、郎毓秀、张权等，她们以满腔热情投入新中国的怀抱，一面积极深入农村、工厂、机关、学校为广大人民群众演出，一面学习民族民间声乐传统，陕北民歌就是她们学习和演唱的主要内容。也许老西安人不曾忘记，1950年暑假期间的一个夜晚，北大街的“中山中学”操场上搭起来露天舞台，著名歌唱家喻宜萱教授就在这个舞台上为成千上万的西安群众演唱了《翻身道情》《纺棉花》《有吃有穿》。1984年，张权同志在《歌唱的技术训练与艺术创造》一文中写道：“有时我怀疑也许我走错了路，我的前三十二年几乎完全泡在‘洋水’里，幸而回来了，才有机会接触和学习到咱们祖国的宝贵艺术，如果我一开始就学习自己的东西，不是要好一些吗？现在谈这些也晚了。在这回国的三十二年里能不太浪费时间就不错了。当然，学习是终生的事。”[①] 这段话值得我们所有的歌唱者深思。

二、在《讲话》精神的哺育下

中华人民共和国成立后，陕西的音乐工作者们，在《讲话》精神指引下，继承革命传统，发扬延安精神，深入全省各地、县，收集整理了2000余首民歌。如1952—1954年西北艺术学院音乐系（西安音乐学院前身）的师生们到安康、紫阳、渭南、华县、

① 张权声乐艺术研究编委会编：《张权文集 假如我的歌声能飞翔》，人民音乐出版社2014年版，第171页。

汉中、西乡、镇巴一带收集、整理、编辑出版了《陕南民间歌曲集》自用教材[①]，还请著名民间艺人、演员来院教唱，如丁喜才、朱仲禄、刘易平、韩起祥等都先后为师生们教唱过陕北民歌、榆林小曲、青海花儿、秦腔、眉户及民间说书等，这些都为以后学院的建设与发展奠定了传统与优势。

西安音乐学院的声乐专业可说是从无到有、由小到大，一步一步发展起来的。1952 年，声乐教师从 1 人增加至 2 人，到 1954 年增加到 3 人，以后陆续有北京、上海以及全国各音乐院校的毕业生纷纷来支援西北，在西安音乐学院安家落户。他们把自己的歌声与陕西的乡音乡情联系起来，把自己的成长与音乐学院的发展壮大联系起来，把自己的提高与西北地区的声乐事业的提升联系起来。下乡上山体验黄土地的风土人情，跟随艺人学习民歌、曲艺、秦腔、眉户，为培养符合社会实际需要的歌唱人才尽心尽职、呕心沥血。历史不会忘记当年的许芝兰、王延贞、韩进元老师所做出的艰苦努力，也不能忘记成嘉祐、陶立玲、孙亦传、田生玉、李欣、季耐雪以及何延昌老师所做出的巨大贡献。几十年来，声乐老师们为陕西、西北以至全国培养了众多的声乐骨干人才，如今有的是著名歌唱家，乐团、歌舞团、歌剧团的团长、副团长；有的是院校声乐专业的带头人、教授、讲师。特别是改革

① 该教材部分内容后与陕西省音工组民间音乐采访组、汉中红星歌剧团、文康文化馆部分同志收集的共计千余首陕南民歌，从中精选出 573 首编成《陕南民间歌曲选》，于 1959 年 1 月由陕西人民出版社正式出版。

开放以来，教师们在一个稳定而宽松的社会文化环境中，专心致志、兢兢业业从事声乐教学，经过几十年的努力，收到了显著的教学成效，培养出一批又一批有较高水平的歌唱人才，多人次在全国乃至世界各类声乐大赛中取得优异成绩，得到了社会的广泛赞誉。

三、百花竞放齐争春

“二为”方向、“双百”方针是开拓、进取、发展歌唱艺术的根本保证，而不是静止的、不变的或停留在民间艺术水平上。几十年来，我们在民族歌唱方面取得了一些成绩，但也走过不少弯路。由于认识上的局限，我们在学习、继承民族声乐传统与学习、借鉴西洋传统声乐艺术上缺乏切实的体验，没有认识到像毛泽东同志在《讲话》中指出的“有这个借鉴和没有这个借鉴是不同的，这里有文野之分，粗细之分，高低之分，快慢之分”。因而曾出现过相互对立和排斥的情况。即使在民族声乐领域中，也常常忽视民族歌唱的独立性，而以戏曲、曲艺、民间说唱取而代之，使民族歌唱这朵艺术鲜花受到限制。今天，它作为一种独立艺术品类，在音乐艺术院校扎下了根，在社会音乐文化生活中越来越显示出它的光彩、特色和广阔的发展前景。实践证明，民族歌唱的提高与发展，除了继承民族传统声乐艺术外，还应大胆地学习、借鉴西洋传统声乐艺术的发声方法、演唱风格及表演（现）方法，以扩大其视野，丰富其演唱手段。从郭兰英到彭丽媛，从胡松华到姜嘉锵，从马玉涛到殷秀梅，以及后来的年青一代优秀歌手们，他们的歌唱道路与艺术成就，都充分说明了这一点。

随着声乐艺术的发展，我国在美声歌唱方面得到了空前广泛的普及与提高，它在唱法上的科学性、教学上的系统性、规格理路上的严格性和明确性，均为世人所关注，并形成了一定的人才培养优势。运用美声唱法（发声法）训练学习，打基本功，不仅能练出好听的声音，也能得到宽广的音域、良好的技巧与丰富的内心表现力。然而，学习外来唱法（主要是美声唱法），绝不意味着丢掉或减弱对民族语言、民族声乐传统的优秀曲目、技术理论与技巧风格的学习和研究，只有把外来唱法与民族语言、声乐传统紧密结合起来，辩证地看待，才有更强的生命力和宽广的发展前景。我想大家不会忘记郭淑珍演唱的《黄河怨》、李双江演唱的《再见吧 妈妈》、叶佩英演唱的《我爱你中国》以及吴雁泽、刘秉义、迪里拜尔等歌唱家，为我们所做出的榜样。他们也都是在学习民族声乐传统与学习借鉴西洋歌唱方法的道路上努力做出自己的成绩与贡献的。

今天喜欢歌唱的人何止千千万万，歌唱艺术随着时代的进程迅猛发展，其商品性特点越来越明显，票房价值、演出场次、观众的喜好与审美情趣都有着很大差异，也在很大程度上影响着每个歌唱者的精神境界和进取方向，特别对年青一代的前途与事业心影响极大。作为声乐教师，应花更大气力，仔细观察、了解每个学生感情与审美情趣上的细微变化，有效地培养学生有明察良莠、善辨美丑的能力。自觉抵制一些低级、庸俗、不健康东西的滋长蔓延。培养学生不仅要继承和发扬民族传统声乐方面的优势，努力攀登美声歌唱方法的高峰；还要培养学生具有高尚的理想情操和建设社会主义精神文明的使命感，把自己的前途与整个社会的发展、前途紧紧地联系在一起，使歌唱艺术沿着新时代中国特色社会主义的康庄大道，越来越健康地发展和提高。

［原载《交响（西安音乐学院学报）》1992 年第 2 期］

守正创新为人民　山清水秀育百花

——毛泽东《在延安文艺座谈会上的讲话》对新时代音乐的启示

黄　键

2022年是毛泽东同志发表《在延安文艺座谈会上的讲话》(以下简称《讲话》)80周年，讲话指明了中国无产阶级革命音乐的发展路线、整体特性与实践方式，是毛泽东文艺思想的集中论述，也是社会主义文艺方针的坚实基础。重温《讲话》，就是贯彻落实党的文艺路线，可以增强新时代音乐事业高质量发展的使命感。学习《讲话》，需要与时俱进地继承、弘扬延安文艺座谈会讲话精神，同时也要和学习贯彻习近平总书记2014年10月15日《在文艺工作座谈会上的讲话》相结合，与新时代音乐发展贯通认知和感悟，不但可以澄清当前音乐事业发展存在的若干困惑，更能结合实际情况，为新时代音乐的健康发展指明方向。《讲话》的核心要义和对新时代音乐的启示，主要体现在以下四个方面。

一、人民大众——奠定了新时代音乐发展的群众性与大众化方向

毛泽东同志在1942年5月23日晚的讲话中，认为当时文艺创作的核心问题，是革命文艺为群众的问题，并且坚定地提出“我们的文学文艺都是为人民大众的”。音乐作为文艺的重要组成部分，《讲话》指明了之后我国音乐发展的总体路线，音乐是为人民大众的，为人民歌唱、为人民谱曲。有了这个根本主旨，才衍生出了如何为群众的问题，也就是艺术创作的普及与提高、源与流的问题。

关于普及与提高，《讲话》对于二者进行了辩证性的论述，并且提到“对于他们（工农兵），第一步需要的还不是‘锦上添花’，而是‘雪中送炭’。所以在目前条件下，普及工作的任务更为迫切”。这就确切地肯定了普及和提高的辩证关系，并且从实事求是的角度出发，审时度势地指出，当时更为迫切的是艺术的普及工作，这为之后延安音乐创作指明了方向，涌现出了一大批人民大众喜闻乐见的秧歌剧，如《牛永贵受伤》《兄妹开荒》等。

对于源与流的问题，《讲话》确立了社会生活是文艺创作的唯一源泉，“人民生活中本来存在着文学艺术的原料的矿藏”。并且对于社会生活和艺术作品的关系，提出“三最六更”的基本特征。作为矿藏的社会生活是最生动、最丰富、最基本的，并且是

文艺创作取之不竭、用之不尽的源泉。但是艺术作品并非生活本身，而是比普通的社会生活更高、更强烈、更集中、更典型、更理想、更具有普遍性。从而要求我们的文学艺术家“必须到群众中去……到唯一的最广大最丰富的源泉中去”。要求音乐工作者要向工农兵学习，到人民生活中体验与实践。如此便实现了音乐创作“从人民中来，到人民中去”的体验、创作、演出的大循环。

进入新时代，习近平总书记《在文艺工作座谈会上的讲话》中肯定了坚持以人民为中心的创作导向，对广大文艺工作者提出“要坚守人民立场”的要求，要使文艺源于人民、为了人民、属于人民，使之真正成为社会主义文艺繁荣发展的动力。同时与时俱进地提出“随着人民生活水平不断提高，人民对包括文艺作品在内的文化产品的质量、品位、风格等的要求也更高了”。从而在新时代的语境中结合实际情况，进一步发展了普及和提高的问题，要求创作更多满足当代人民文化需求和增强人民精神力量的优秀作品。可见，不论何时何地，深入群众与社会生活才是音乐创作的必经之路，新时代音乐的发展才能更好地体现出人民性与大众化方向。

二、守正创新——倡导了新时代音乐发展兼容并蓄的创新路线

《讲话》确立了以人民为中心的创作导向，对于如何创作也提

出了具体要求。《讲话》强调了兼容并蓄，扬弃地继承一切优秀文化。“我们必须继承一切优秀的文学艺术遗产，批判地吸收其中一切有益的东西，作为我们从此时此地的人民生活中的文学艺术原料创造作品时候的借鉴。”对于优秀传统文化继承的倡议，在当时的音乐家中产生了巨大影响，在音乐工作中突出地体现在传统民歌采集活动中。《讲话》之后扩大的民歌采集活动是中国历史上首次政府支持的对于民间音乐形态的搜集和整理，打破了长久以来只偏重歌词的方式。广大音乐采集工作者以听记乐谱为主要收录形式，广泛搜集陕甘宁地区的民歌，在 1942 年年底共整理了 2000 余首民歌，为之后的全国范围内大规模民歌采集和编写《中国民间歌曲集成》工作奠定了基础。

《讲话》亦肯定了在继承中的创新性，“继承和借鉴决不可以变成替代自己的创造，这是决不能替代的”。在《讲话》的第四点，特别提及社会主义文艺事业的发展需要倚仗生活中新的艺术形式的展现，以达到“内容和形式的统一，革命的政治内容和尽可能完美的艺术形式的统一”。这为《讲话》后延安音乐工作者积极借鉴歌剧、话剧、芭蕾舞等新体裁提供了理论导向，创作了符合时代性的歌剧《白毛女》《赤叶河》，秦腔现代戏《血泪愁》，以及 20 世纪 70 年代的芭蕾舞剧《红色娘子军》等优秀作品。

在新时代，习近平总书记《在文艺工作座谈会上的讲话》中提出了文艺创作中继承优秀文化创新的基本方向，并且坚定地提出了“古为今用、洋为中用，辩证取舍、推陈出新，摒弃消极因素，继承积极思想，‘以古人之规矩，开自己之生面’，实现中华文化的创造性转化和创新性发展”。从而肯定了守正创新的新时代艺术发展的创新路线，“要把创新精神贯穿文艺创作生产全过程，增强文艺原创能力”。尤其要鼓励文艺创作以真善美为永恒价值，要有文化传统血脉，弘扬中国精神。更可贵的是，结合新时代科技发展对传统媒介的巨大变革，肯定了互联网技术和新媒体对于文艺新形态的催生，更加体现了音乐创作的时代性，如互联网高保真合奏、人工智能作曲和虚拟仿真演播等。所以，音乐工作者在新时代的音乐活动中要把握好传承与创新的关系，坚守文化根脉，关注我国各民族民间音乐的同时，积极结合时代新载体，创造体现时代精神的音乐新形式和新作品。并且“学古不泥古、破法不悖法”，在创作中恰当使用新音乐因素，开拓社会主义新时代音乐工作创新的繁荣之路。

三、百花齐放——引领了新时代音乐艺术发展的多元融汇

自延安文艺座谈会后，我国音乐事业的发展呈现出两个积极态势，一是掀起了向民间文艺学习的热潮，二是整体音乐创作涌现出众多题材广泛、内容丰富、形式多样、具有鲜明民族性与大众风格的新体裁。《讲话》在“普及和提高的关系问题”中专门提到了音乐家的主要创作方向，即“我们的音乐专门家应该注意群众的歌唱”。确定了其时音乐工作的主要创作方向是群众声乐体

裁，广大音乐工作者群策群力，依据不同的题材和内容创造出了新民歌、群众歌曲等大众化的小型歌唱体裁，进而创新性地探索出以歌唱为主的秧歌剧、新歌剧等中大型的新型歌唱体裁。甚至之后也涌现出了一些“以西释中”的器乐作品，从而引领峥嵘岁月中音乐艺术创作的多元化走向。此外，《讲话》对于普及性肯定的同时，也对“提高”给予辩证性的解释。“普及是人民的普及，提高也是人民的提高。而这种提高，不是从空中提高，不是关门提高，而是在普及基础上的提高。”如此，确定了当时艺术创作形式的多样化发展。但是，不论是普及还是提高的艺术，都是为人民大众的。

习近平总书记《在文艺工作座谈会上的讲话》中对于艺术作品的创作也做了重点阐释。优秀作品要内容丰富、形式多元，“不拘于一格、不形于一态、不定于一尊，既要有阳春白雪、也要有下里巴人，既要顶天立地、也要铺天盖地”。在具体的艺术创作中，明确“要坚持百花齐放、百家争鸣的方针”，“提倡体裁、题材、形式、手段充分发展，推动观念、内容、风格、流派切磋互鉴”。从而指明了新时代音乐艺术创作百花齐放的总体方针。当下的新时代音乐工作者，更要全面精准地把握人民多样化多层次的需求，在音乐的形式、内容上不断精益求精，推出更多思想精深、艺术精湛的符合社会主义核心价值观的音乐精品。

四、山清水秀——滋养了新时代音乐工作者的清风正气

毛泽东在《讲话》中对于艺术批评标准问题的探讨，肯定了艺术性标准的同时，着重指出“任何阶级社会中的任何阶级，总是以政治标准放在第一位，以艺术标准放在第二位的”。肯定了艺术创作的政治保证，进而结合当时的实际情况，着重强调“现在更成为问题的，我以为还是在政治方面”。紧接着就当时延安文艺界的“人性论”“人类之爱”“光明与黑暗”“文艺的暴露”等8个问题进行讨论，对于艺术界存在的作风问题进行批判，诸如缺乏无产阶级立场和政治意识、教条主义、脱离群众等，从而塑造了政治标准为先的音乐创作语境，对当时的音乐工作者提出了明确的作风要求和创作导向。

习近平总书记《在文艺工作座谈会上的讲话》中也明确了新时代文艺队伍建设中艺术工作者思想道德建设的重要性，要坚持德艺双馨的引领性，切实营造山清水秀的艺术生态。要求文艺工作者要“讲品位，重艺德，为历史存正气，为世人弘美德，为自身留清名，努力以高尚的职业操守、良好的社会形象、文质兼美的优秀作品赢得人民喜爱和欢迎”。这就对新时代音乐工作者的要求更加明确。结合当下，扎实推进音乐工作者的道德素养建设，从自身做起，培养清风正气的职业品德的同时，共同建设山清水秀的音乐生态。新时代的音乐教育工作者更要落实立德树人、为

党育人、为国育才的总体教育方针，不但要成为培养高超音乐才华的“经师”，更要成为凸显育人为本，传承红色基因，培养具有社会主义核心价值观音乐人才的“人师”。

综上可见，毛泽东同志《在延安文艺座谈会上的讲话》和习近平《在文艺工作座谈会上的讲话》一脉相承，与时俱进地为不同时期的音乐事业指明了发展方向，也为新时代的音乐健康发展奠定了基础。两个《讲话》的核心要义中，人民大众是新时代中国特色社会主义音乐创作的核心主旨与创作基础，守正创新是新时代音乐创作的必然路径，百花齐放是过去也是当前音乐发展的时代呼唤，山清水秀、清风正气的音乐生态则是新时代音乐创作和音乐教育的政治保障。广大音乐工作者要坚决落实习近平总书记要求的文艺要为“实现中华民族伟大复兴的中国梦提供强大的价值引导力、文化凝聚力与精神推动力”，坚持弘扬中国优秀传统文化与中国精神，高扬社会主义核心价值观，坚定文化自信，齐心协力，共同推动中国新时代音乐事业高质量发展，谱写中国音乐文化新乐章。

（原载《音乐天地》2022 年第 6 期）